尽善尽美　弗求弗迪

我是一个超级害怕做决定的人

[日] 根本裕幸 著
宋刚 译

电子工业出版社
Publishing House of Electronics Industry
北京·BEIJING

7KA-KAN DE JIBUN DE KIMERARERU HITO NI NARU
BY Hiroyuki Nemoto
Copyright ©Hiroyuki Nemoto, 2020
Original Japanese edition publishing by Sunmark Publishing, Inc., Tokyo
All rights reserved.
Chinese (in Simplified character only) translation copyright ©2022 by Publishing House of Electronics Industry Co., Ltd
Chinese (in Simplified character only) translation rights arranged with Sunmark Publishing, Inc., Tokyo through BARDON CHINESE CREATIVE AGENCY LIMITED, HONG KONG.

本书简体中文版专有翻译出版权由Sunmark Publishing, Inc., Tokyo通过BARDON CHINESE CREATIVE AGENCY LIMITED, HONG KONG授予电子工业出版社。未经许可，不得以任何手段和形式复制或抄袭本书内容。版权所有，侵权必究。

版权贸易合同登记号 图字：01-2021-6184

图书在版编目（CIP）数据

我是一个超级害怕做决定的人 /（日）根本裕幸著；宋刚译. —北京：电子工业出版社，2022.4
ISBN 978-7-121-43159-3

Ⅰ. ①我… Ⅱ. ①根… ②宋… Ⅲ. ①决策学－通俗读物 Ⅳ. ①C934-49

中国版本图书馆CIP数据核字（2022）第047103号

责任编辑：杨　雯
印　　刷：中国电影出版社印刷厂
装　　订：中国电影出版社印刷厂
出版发行：电子工业出版社
　　　　　北京市海淀区万寿路173信箱　　邮编：100036
开　　本：787×1092　1/32　印张：9.5　字数：119千字
版　　次：2022年4月第1版
印　　次：2022年4月第1次印刷
定　　价：49.80元

凡所购买电子工业出版社图书有缺损问题，请向购买书店调换。若书店售缺，请与本社发行部联系，联系及邮购电话：（010）88254888，88258888。

质量投诉请发邮件至zlts@phei.com.cn，盗版侵权举报请发邮件至dbqq@phei.com.cn。

本书咨询联系方式：（010）57565890，meidipub@phei.com.cn。

第 8 天，开始自己做决定：

心理咨询师的 7 日决断力养成法

这个世界上，有两座岛屿。

其中一座岛屿是"优柔寡断岛"。

在"优柔寡断岛"上，住着一群无法自己做决定的人。

无法自己做决定的人总是在意周围人的意见和评价，活得小心翼翼。

即便自己做出了决定，一旦遭到反对，马上就会失去自信。

由于他们不敢自己做决定，因此一旦失败就归咎于他人，**后悔当初"要是这么做就好了"**。

然而在这个世界上，没有人能够不失败，因此"优柔寡断岛"上充满了人们的愤愤不满。

另一座岛屿是"勇于决断岛"。

"勇于决断岛"上住着能自己做决定的人。

能自己做决定的人会寻求周围人的意见作为参考,但最终还是自己做决定。

即使遭到反对,他们也能坚持自我——"我就是想这样做"。

如果失败了，他们会认为原因在自身，因此不会后悔，而是自我反省，吸取教训，继续前行。

如果成功了，他们会感谢给自己提供意见的人，并一起分享成功的喜悦。

"勇于决断岛"上充满了感恩和关怀。

"勇于决断岛"上的人说:

"自己决定就可以了！到这边的岛上来吧！"

"你到底想做什么？"

"凭直觉选择你喜欢的就可以了！"

勇于决断岛

但是对于"无法自己做决定的人"来说,即使让他们"选择自己喜欢的",他们也不知道该如何是好。

"无法自己做决定的人"想到"勇于决断岛"上去,但是不知道方法。

而"能自己做决定的人"生来就在"勇于决断岛"上,因此无法教给他们怎样到岛上来。

你是不是想问为什么我会知道登上"勇于决断岛"的方法?

因为本书作者——我,以前也是个无法自己做决定的人。

这本书将介绍前人没有讲过的方法，**教你用 7 天时间，从"优柔寡断岛"前往"勇于决断岛"。**

前 言

早上起来，我终于做了一个决定，干劲儿满满地离开家。心里想着，虽然昨天十分犹豫，但是今天一定要迈出前进的一步。

然而，这股干劲儿转瞬即逝。来到公司，看到上司阴沉的脸，马上感到不安，心想还是算了吧。询问同事的意见，同事认为另一种方案更好。想到之前朋友也这么说……于是，明明早上已经下定了决心，但到了上午却已经失去了信心。

啊，为什么我总是这么犹豫不决呢？

这本书，写给这样的人：

- 过于在意别人的意见，无法自己做决定。
- 一旦遭到反对就立刻失去信心。
- 讨厌犹豫不决的自己。
- 让别人替自己做决定以图轻松。

我从前也是一个无法自己做决定的人。

总是想着：

"失败了怎么办？"

"他也觉得我应该再准备一下。"

20年前，我在一家企业担任系统工程师，后来开始做一些心理咨询师方面的工作。当时我想专注于心理咨询师的工作，向公司递交了离职申请。然而思来想去，在公司接受了我的离职后，我又撤回了离职申请。

撤回离职申请后，我每天都过得战战兢兢，担心公司的上司和同事认为我是个"出尔反尔的软弱无能之人"。同时，我觉得自己对公司造成了不好的影响，感到十分内疚。为了弥补过错，我一直拼命工作，内心充满痛苦和挣扎。渐渐地，我越来越讨厌自己。

我没有决断力，即使做出决定也无法坚持到底。

前　言

曾几何时，我一直认为自己是个无法做决定的没出息的人。

为了培养自信，我开始大量阅读自我启发类的书籍。简单来说，那些书的内容就是"行动起来"。比如，失败也没关系，赶紧行动起来；不行动起来就不会有改变。刚读完时，我充满了干劲儿，但最终还是因为害怕失败，无法付诸行动。于是，我又开始讨厌无法付诸行动的自己。

现在回想那些书的内容，本身就是能自己做决定的人写的东西，对于住在"优柔寡断岛"上的我来说很难产生共鸣。那些书是"勇于决断岛"上的人写给同一个岛上的人的东西。而我想知道的是如何离开"优柔寡断岛"，登上"勇于决断岛"。

我也曾问过身边的人。

那些在自己选择的道路上奋进的人，他们在我眼

里都闪闪发光。

他们都是自己决定了要走的路。

他们说:

"两个都很好,关键要自己做决定。"

"你到底想做什么?"

我一边若有所思地附和,一边却想——

还是不懂……

之后,我专注于做心理咨询师。通过前来咨询的客人,我见证了人生中许多重要的决断时刻。

"该留在公司,还是自立门户?"

"该和丈夫离婚,还是继续过下去?"

"该把父母接过来,还是送到养老院?"

"该要孩子,还是继续过二人世界?"

…………

有的人面临的不只是二选一,而是更多选项。

前 言

我对他们说:"怎么样都可以,选择你喜欢的就好。""自己做决定最重要。"……这些话正是当年在自己选择的道路上奋进的人们对我说的话。

当然,我能理解来访者心中的想法:"就是因为没法按照自己的喜好做选择,所以才烦恼啊。"所以,我作为心理咨询师想与他们对话,一步步引导他们怎样自己做决定,怎样相信自己的决定。让那些不能自己做决定的人变得自信,学会自己做决定。

这本书总结了我在心理咨询中使用的方法,让读者用7天时间就可以掌握。

这本书,就是从前无法做决定的我一直想读的书。

不是带上"武器",而是卸下"铠甲"。

在正文开始之前,我想提醒大家,这本书里并没有"答案"。

我每天的工作就是倾听人们的咨询:"我该怎么

我是一个超级害怕做决定的人

办?""我要选择 A 还是 B?"作为心理咨询师,我曾为 2 万多人提供心理咨询,对于这样的提问,我从来不告诉他们"你应该选择 A"。就像刚才所说的,我只会告诉他们"都可以,要由你自己做决定"。

假设我告诉他"应该选择 A",如果事情顺利,那么当他再次面临选择时,又会想要求助于我。虽说这可以提升我的业绩(苦笑),但是对于他的人生来说,从长远来看,是一件不幸的事。因此,在这本书里我不会给出答案,不会告诉你"既然纠结,就应该离婚""你应该辞职"……

说到决断力,可能有人觉得为了保持主见、不被他人的意见影响,必须掌握某种技能,带上"武器"。**但是,这本书让大家做的并不是带上"武器",而是卸下"铠甲"。**

因为在意他人的意见、无法自己做决定的人,为

前言

了"不被讨厌""避免失败",给自己穿上了各式各样的"铠甲"。只有脱掉这些"铠甲",才能找回原本的自己。

刚刚也说过,我曾经连辞职都无法决断,虽然读了一些启发类的书籍,但也没学会如何自己做决定。那么,这样的我是如何学会决断的呢?

这是因为后来我开始接触心理学,发现自己在成长的过程中,形成了许多束缚自己的思考方式。成功摆脱这些束缚后,我就变成了可以做决定的人。

这本书不是教你如何尽快学会做出正确的选择,而是教你如何从心底接纳自己做出的选择。

希望可以让你充满不安和恐惧的内心,变得自信满满,让你能够勇敢前行。

不是"不能失败",而是要做出"即使失败也不后悔"的选择。

我是一个超级害怕做决定的人

从前犹豫不决的我在学会决断之后,开始从事心理咨询的工作。20多年来,我见过许多人,他们让我对一件事情深信不疑,那就是**即使被别人反对,也能从内心认可自己的选择的人,往往活得更加充实。**在这个未来不可预测的时代,想要生活得幸福,不能依靠别人,只能相信自己,靠自己的力量前行。对这一点,我深有感触。

如果做出的决定是自己从内心深处认可的,那么即使结果不尽如人意,自己也不会后悔。因为是自己决定的,所以更能够坦然接受结果,也有力量继续前行。

这样的人,也许表面上失败了,但他们能够接纳失败,继续前行,所以最后往往能收获好的结果。他们就是住在"勇于决断岛"上的人。他们并不是不会失败。

前　言

或许你现在并不太喜欢自己。

正因为想要改变自己，所以才拿起了这本书。

我并不能改变你本身，但是我可以改变你的思考方式。这本书并不是要改变你自身，而是要让你对原本的自己充满自信，学会自己做决定。

顾及他人感受、优先考虑他人的你是十分优秀的。在这个以自我为中心的世界，你能够考虑他人的感受是非常难得的事情。这样优秀的你，如果学会自己做决定，那么这种心思细腻的特质，将会成为你所具备的非常重要的才能。希望你能保留这种特质，与我一起度过这 7 天吧。

那么，让我们一起向"勇于决断岛"出发吧！

目录

第 1 天
你是不是自以为自己做了决定

"自以为自己做了决定"的陷阱 // 4

如果你在学生时代辍学,现在会在做什么呢? // 13

现在感到迷茫,是因为选择了不适合自己的生活方式? // 20

有没有被过度干涉的父母所束缚? // 30

你从心底认可吗? // 40

我也曾走在既定的人生轨道上 // 48

第 1 天的练习 // 57

第 2 天
为什么你无法自己做决定

无法做决定?这种烦恼其实是一件好事 // 62

能否自己做决定和自我认同感密切相关 // 69

即使没有根据,也可以决断吗? // 70

你是哪种类型？// 79

你在害怕什么？// 93

第 2 天的练习 // 98

第 3 天

卸下束缚你的"铠甲"

扔掉理想主义 // 104

扔掉完美主义 // 108

扔掉正确答案主义 // 111

扔掉"好学生"思维 // 114

扔掉"调停者"身份 // 118

扔掉过分努力的习惯 // 120

扔掉恐惧 // 124

消除对承担责任的抵触心理 // 129

扔掉过度思考 // 132

第 3 天的练习 // 140

目 录

第 4 天
你知道怎么生气吗？

你知道怎么生气吗？// 146

愤怒和干劲儿一样，也是一种能量 // 150

只有接纳愤怒情绪，才能找到目标和梦想 // 153

将不满发泄出来，给心灵做一次保养 // 156

心灵"断舍离" // 159

喜欢就是喜欢，不喜欢就是不喜欢 // 161

第 4 天的练习 // 170

第 5 天
学会和真实的自己相处

强化自我意识 // 176

以"我"开头造句 // 182

保持个性 // 185

重视直觉和感觉 // 189

让你感觉舒服的才是自己想要的 // 194

我是一个超级害怕做决定的人

扔掉让你不舒服的人际关系 // 200

第 5 天的练习 // 203

第 6 天

学会自己做决定，需要做好哪些准备

你可以随心所欲地做决定 // 208

根据多数人的意见做决定的人不幸福？ // 212

其实你已经决定了 // 217

思考是将直觉和感觉变为现实的工具 // 220

决断需要勇气？ // 226

第 6 天的练习 // 230

第 7 天

成为可以自己做决定的人

凭直觉和感觉做决定 // 236

想象自己向前迈出了一步 // 244

目 录

想象5年后或者10年后 // 246

即使决定了也可以更改 // 249

和他人商量 // 250

设定期限有助于决断 // 253

不要被动地做决定 // 258

如何坚定不移地相信自己的决定 // 262

第7天的练习 // 268

后 记

// 269

第1天

你是不是自以为
自己做了决定

我是一个超级害怕做决定的人

在心理咨询和讲座中我遇到了许多人,他们都站在人生的岔路口,不知道接下来的路要怎么走。"独立创业,还是继续留在公司""要不要离婚""和男朋友继续交往,还是分手开始相亲"等,他们无法决断,为此苦恼。

我总是告诉他们:"都可以,选择你想要的,自己做决定。"这虽然听上去有些冷漠,但是不自己做

第1天出发之前

第1天
你是不是自以为自己做了决定

决定就没有意义,因此我的方式是支持他们走自己选择的道路。但来访者就是因为无法自己做决定而烦恼,为了和他们一起思考"为什么无法自己做决定",我会先了解他们的过去。通过了解过去,让他们看见真实的自己。

今天的主题是"认识自己"。来访者中有人说,自己从过去到现在一直无法做决定,也有不少人意识到:"我一直自以为自己做了决定,但其实并没有。"迄今为止,你未来的发展方向、伴侣的选择,真的是你发自内心做出的决定吗?

可能有人想让我说简单点,快点儿告诉大家到底怎么自己做决定。但是,认识自己是前往"勇于决断岛"的重要步骤。毕竟如果自己意识不到问题,就无法做出改变。

我是一个超级害怕做决定的人

"自以为自己做了决定"的陷阱

那么让我们开始第1天的旅程吧。

第1天,我将为大家介绍几个从"无法自己做决定的人"变成"可以自己做决定的人"的故事。接下来出场的人物中,很多人都自以为自己做了决定,但其实并没有。

可能有人会想:别人的故事能有什么参考价值?但是我认为,为了客观地认清自己、发现自己,了解别人的故事是十分必要的。接下来我要讲的故事就是一面面"镜子"。如果不照镜子,人很难发现自己睡乱了头

第1天
你是不是自以为自己做了决定

发,或者自己看起来很疲惫。同样,仅靠自己,很难发现自己的思考习惯。所以,请各位在读下面的故事时,反观自身,想想自己是不是也是这样的。

如果在阅读时发现"原来我一直没有决断啊",也不要责备自己为什么当时没能做决定,或者责备自己真没用。今天我们只要认识到这一点,就已经迈出了一大步,只要认识到"原来我有这样的一面"就可以了。

◎ 本该有决断力的东京大学精英也有烦恼

首先我想介绍一位年近四十的男性上班族的故事。

他工作能力极强,是公司十分看重的人才。但是他想试试自己的实力,想独立创业。他从一年前就开始考虑独立创业,但始终不能下定决心。他认为再烦

我是一个超级害怕做决定的人

恼下去,这辈子就过去了,于是通过朋友的介绍,来到我这里接受心理咨询。

他与我见面时,公司正打算派他去美国的总公司进修,回国后可以晋升到管理层。如果他接受了公司的安排,去进修一年,那回国后的几年内都无法从工作中抽身。**他明白"如果想要独立创业,只有现在",但是他无法决断,觉得自己不中用,一直很烦恼。**

于是,我询问了他的成长经历。

他是家里的长子,父亲是政府部门"综合岗位"的公务员①,工作勤勤恳恳;母亲是家庭主妇,十分重视孩子的教育。他从小在父母的期望下长大,成绩优异,小学、初中、高中上的都是东京的名校,后来从东

---

① 日本公务员分为"综合岗位"和"一般岗位"。"综合岗位"在政府部门担任重要职务,可晋升至事务官;"一般岗位"多从事辅助性的工作,晋升空间有限。

第1天
你是不是自以为自己做了决定

京大学毕业，成为公认的精英。大学毕业后的第一份工作，是在人人皆知的大企业就职，随后被猎头公司挖走，来到现在的公司，每天的工作都很繁忙。在生活中，他有一位美丽的妻子和两个孩子，生活美满幸福。

听到这里，你有什么想法？

他看起来是不是应该很幸福，不该有任何烦恼？可为什么他具备了所有的幸福要素，却还是因无法决断而烦恼呢？

◎ 工作上的事情可以决断，自己的事情却无法决断

他接着说：

"我的母亲虽然十分严厉，但是当我升学和找工作时，她总是告诉我'去你想去的地方'。我的父亲工作繁忙，经常不在家，但是从不干涉我的选择，总是认可我。我跳槽到现在的公司时，我的妻子也很支

> 我是一个超级害怕做决定的人

持我。工作中经常出现需要决断的难题,**我属于很快就能做出决定的人,这一点我的上司对我也很认可。正因如此,我才会觉得自己这一年多犹豫不决很奇怪。**正因为我从没想到自己是无法决断的人,才对自己如此失望。"

他说话干脆利索,据说朋友推荐他来我这里做心理咨询时,他也爽快地答应了,确实看不出是一个无法决断的人。但是,当我仔细询问他的家庭环境、升学选择、找工作、跳槽等事情时,我察觉出一丝异样。

他是个非常聪明的人,但同时也是个靠直觉判断的人。当我仔细询问他工作的事情时,虽然表面看起来他是在用大脑思考,但其实他可能是一个靠直觉判断的人。

当我提出这一猜想时,他说起和妻子当时结婚的故事:

"我第一次见到她时,就感觉这是命中注定,想

第1天
你是不是自以为自己做了决定

永远和这个人在一起,甚至能想象到将来和她有孩子的生活。虽然我嘴上没说出来,但是我开始了对她的追求。后来得知她对我也是同样的感觉。我们交往没多久就决定结婚了,双方父母也很看好我们。"

另外,他从初中开始就爱好声乐,现在也是业余合唱团的成员。他说:"唱歌时有一种释放感,非常幸福。在家里我喜欢在洗澡的时候大声唱歌,声音大到有时会被妻子训斥。"由此种种,我推断他是一个情感丰富、跟着感觉走的男人。

像这样情感丰富的人,往往善于察言观色,易体察别人的心情。甚至有时过于察言观色、过于体察别人的心情,以至于扼杀了原本的自己。

◎"父母让我做想做的事"是真的吗?

我大概明白了为什么他无法决定是否独立创业,于

> 我是一个超级害怕做决定的人

是我对他说:"有可能你自认为是自己做的决定,但其实你一直在按照身边人的意愿生活。正因如此,这次真正需要你做出会影响人生的重大选择时,你才无法决断。"

他一瞬间流露出吃惊的表情,但他是个十分聪明的人。他马上说道:"确实可能如您所说,我也有这种感觉。"

他说父母总是让他做想做的事,**但其实他只是在父母认可的选项中做选择**。他总是有意无意地考虑父母的感受,主动缩小了选择的范围。

或许在他内心深处,还存在与父母的想法不符的、自己心底更想要的选项。但从小与父母相处,他逐渐变得只会选择父母想要的答案,以至于大脑无意识地排除了会令父母不高兴的选项。

无论是升学还是找工作,都是他在父母认可的范围内做出的选择。

第 1 天
你是不是自以为自己做了决定

> 我是一个超级害怕做决定的人

　　我又进一步了解到，他高中时热爱声乐，确实曾经考虑过进入音乐学院学习声乐。但是他所在的高中并没有学生报考艺术专业，父母也一定不会同意。所以成绩优秀的他选择报考东京大学。他虽然并不后悔报考东京大学，但当时扼杀了自己的意愿也是事实。

　　在找工作时，也是类似的情况。身边的同学都希望报考国家公务员，或者进入著名的大企业工作，他对这些工作感到心动的同时，也被新兴的风险投资企业所吸引（这与他现在想要独立创业的想法也有关联）。

　　但是，他想：即使将来我会跳槽到风险投资企业，但现在刚毕业，还是要去一家像样的公司。出于这样的考量，他选择了第一份工作。

　　当然，对于这一选择他并不后悔。

　　但是，**每当站在人生的岔路口时，他总是压抑内心的想法和感受，察言观色，根据周围人的意愿做**

第 1 天
你是不是自以为自己做了决定

选择。

这确实是他自己做出的选择,但也只是在周围人期望的范围内做出的选择。也就是说,这不是在他内心深处真正认可下做出的决定。

当然,根据周围人的期望做选择并不一定是件坏事,这种生活方式也没有问题。但是他现在之所以烦恼了一年多,不知是否应该创业,就是因为过去一直自以为自己做了决定,但这些决定其实并不是他自己内心深处认可的。

如果你在学生时代辍学,现在会在做什么呢?

◎ 为了父母的期望而努力的童年

不仅是他,我们每个人都生活在人际关系中,或多或少都会受到周围人的影响。在这样的情况下,坚

> 我是一个超级害怕做决定的人

持自己的想法是十分困难的,是需要勇气的。而他的优秀又使这件事变得更加困难。毕竟他现在过的是人人都羡慕的"幸福生活"。

我反复问他,你真正喜欢的东西是什么?你真正珍惜的东西是什么?你真正想做的事情是什么?他每次都能流利地回答,于是我又反复问他:"故意刁难你一下(苦笑),那真的是你想要的东西吗,真的是你喜欢的东西吗?"

他苦笑着说道:"您的提问真像压力面试。"虽然有点令人头疼,但他还是坦率地直面自己的内心。于是,他回想起童年,**原来他自己从小一直在看父母的脸色行事,为了父母的期望而努力**。终于,一直被深藏的他的另一面显现出来了。

他有些失落地说:

"原本以为那就是我想要的生活,但其实当时我

第1天
你是不是自以为自己做了决定

也想偶尔放下学习，到处玩玩，而且我很想去唱歌。可能我压抑了这些想法。说起来，现在的我有时也会过分在意家人和同事的感受。有时会突然想要自由。以前的我总是想，明明家人和同事已经给了我很大的自由，为什么我还会这么想呢？看来问题就在这里。我自认为选择了自己喜欢的生活方式，但其实并不是，因为我一直很在意周围人的看法。"

◎ 如果在学生时代辍学，你想尝试什么样的人生呢？

"我到底该怎么办啊？"

可以看得出来他真的很苦恼。于是我问他："如果存在平行世界，你在初中时因为成绩不佳退学了，你认为你会拥有什么样的人生呢？"

他抱着胳膊想了半天，然后说道："这个问题好难回答。但是这个问题很有趣，请给我一点儿时间。"

> 我是一个超级害怕做决定的人

于是我把这个问题当成作业,结束了那天的心理咨询。

他从青春期到现在并没有经历过叛逆期,所以让他去想反抗父母、辍学等这些事情确实需要花一些时间。

一个月后,他再次来找我做心理咨询。他说:"上次咨询之后我想了很多。如果存在平行世界,我想我可能会加入聚集在涩谷的不良少年团体;也可能从高中就开始去国外留学学习声乐;也可能成为一个背包客游遍印度;也可能辍学之后幡然醒悟拼命学习,通过大学入学资格鉴定考试又考入东京大学。我想象了许多场景,想象的过程很快乐。这是不是说明我真的向往那样的生活呢?"

他的脸有些泛红,讲了许多他想象的故事(也可能是妄想)。他没有去过印度,但是有段时间,他沉迷于阅读游遍印度的人写的书籍和博客。他没有勇气

第1天
你是不是自以为自己做了决定

加入涩谷的不良少年团体,但心里其实很羡慕尽情玩耍的人(他在高中时上下学要从涩谷站坐电车)。他十分向往声乐的发祥地意大利和德国,新婚旅行的目的地也选择了那里。他也不讨厌学习,所以平行世界里的他,依旧可以从低谷拼命学习向上爬。

他说话十分引人入胜,听他讲话连我也变得兴奋起来。原来他所说的"自由",就在这样的世界里。

◎ 其实你心里已经有答案了

这时我问他:"感觉如何?听了你的话,感觉你是一个擅长从零做起、在成长中感受快乐的人。所以你才会向往风险投资企业,想去欧洲留学,去印度游历,通过大学入学资格鉴定考试进入东京大学。所以你其实想是时候跟随自己的内心活一回了,对吧?"

他笑着听我说完,回答道:"刚刚我在讲的时候

> 我是一个超级害怕做决定的人

也是这样的感觉。我隐隐约约意识到,其实我的内心深处已经决定了要辞职,要独立创业。今天和您谈话后,我更加确信了这一点。我想尽快开始行动。其实我已经写好了商业计划书,做好了准备。"

他眉飞色舞地说着,激动得脸颊微红,确实像"揭开面具,终于露出了真实的面孔"。

当天心理咨询结束后,他回到家,立刻与妻子和孩子讨论了自己的计划,周末到双方父母家里汇报后,第二周就向公司递交了辞呈。一开始,公司极力挽留他,但得知他新公司的业务内容与现在的工作有关联后,公司成了他的第一个客户。这对创业者来说无疑是最大的支持。

还有许多人像他一样,因为无法决断而苦恼,我通过与他们对话,一步步深入他们的内心,使其拨开迷雾,豁然开朗,马上开始行动。其实无法做决定

第 1 天
你是不是自以为自己做了决定

的人的直觉已经做出了决定,只是因为其他各种各样的顾虑阻碍了这一决定。关于这一点,我会在第 6 天详细说明。在你的内心深处,是不是也已经做出决定了呢?

刚刚的案例讲的是"以为自己做出了决定,其实只不过是在限定的范围内做出了决定",各位是否从案例中看到了自己的影子呢?

买衣服的时候,心里会想:"啊,这件衣服妈妈应该会满意。"相亲的时候,心里会想:"这个人父母应该不会有意见。"工作的时候,心里会想:"这样做的话,老板应该会同意吧。"与其说是自由地选择,不如说是有条件、有限制地选择。

当然,并不是说这样的决定就是错误的,但是如果这个决定违背了你的内心,你心中的压力会不断增加。最终,当需要做出重要抉择时,你就会迷茫,变

> 我是一个超级害怕做决定的人

成无法自己做决定的人。

你的内心到底是怎么想的呢？我认为，与自己的内心对话，是成为自己做决定的人的重要一步。

现在感到迷茫，是因为选择了不适合自己的生活方式？

◎ 青春期后是不是开始压抑自己了？

接下来是一位女士的故事。她是家中的长女，从小稳重可靠。

幼儿园时她是个疯丫头，喜欢和男生们一起玩，有时甚至动手打架。她从小希望得到关注，主动竞选班委，在朋友圈中也是核心人物。但是，青春期时，她开始在意周围人的眼光，逐渐变得内向。曾经在教室里积极发言的她，开始隐藏自己的身影，使自己不

第1天
你是不是自以为自己做了决定

被人注意到。

另外,她的父母是双职工,工作繁忙,家里还有一个比自己小四岁的妹妹,她作为姐姐,有照顾妹妹的责任。在这样的环境中,她一直是个不让父母担心、不给父母添麻烦的好孩子。

如此一来,虽然中学时代也有快乐的记忆,但她总感觉每天都过得很累、很拘束。升学时,她根据老师和父母的意见,选择了与自己成绩相符的学校。大学毕业后,因为没有特别想做的工作,她就随便进了一家录用自己的公司。

◎ 一直说服自己"我适合冷静的恋爱"

她也谈过几段恋爱,但从来没有谈过周围人说的那种"轰轰烈烈的恋爱"。她和男朋友交往几个月后,就变成了"结婚多年的老夫老妻"一样的关系。

> 我是一个超级害怕做决定的人

无论是工作还是爱情,她一直认为"我就适合这样的关系",不久后自然会结婚、成为母亲。后来,确实如她所想,她25岁时与比自己大两岁的公司的同事结婚,两年后有了孩子。

她学生时代的朋友大多还没有结婚,于是她成了大家羡慕的对象。

孩子十分可爱,带孩子虽然辛苦,但是很有意义,她每天都过得很充实。她的丈夫也主动帮忙带孩子、做家务。在旁人看来,他们是无比幸福的一家人。

◎ 生活在幸福之中,却并不感到幸福

在旁人看来,她过的是童话般的幸福生活。但是她的心中总有一点儿失落。

成长过程没有任何不如意,现在又有体贴的丈夫和可爱的女儿,但她并不感到幸福。

第1天
你是不是自以为自己做了决定

于是她开始责备自己身在福中不知福："生活在幸福中，却无法真正感受幸福，我真是个怪人。"

某一天，她突然察觉到身体有一丝异样，去做了妇科检查后发现了巨大的子宫肌瘤。幸运的是手术后肌瘤被顺利切除，但这件事还是给她带来了很大的影响。她开始思考，为什么会得这样的病呢？为什么自己一直没有察觉呢？

医生也曾问她"这个病拖了很久了吧"，但她对病症毫无觉察，甚至一直认为自己很健康。

以此为契机，她开始回顾自己的人生，读了很多书，听了很多讲座。

后来，她发现原来自己从小学高年级开始，就一直在隐忍。她回想起了过去的自己：因为妹妹尚小，所以她从不无理取闹；为了不给父母添麻烦，一直做个好孩子；在学校过于在意同学和老师的眼光，所以

> 我是一个超级害怕做决定的人

隐藏自己的身影；害怕自己被排挤而努力迎合别人。最终在不知不觉中，迷失了自我。

考大学、找工作时，她都不清楚自己想做什么，她对周围人喜欢的偶像和演员也毫无兴趣，从来没有沉迷于某件事物。刚刚也说过，她也从来没有沉迷于一段恋情。

◎ 你过的是自己的人生吗？

回顾了自己的人生，她强烈意识到：**这么多年来，我都没有过我自己的人生**。这对她来说又是一次强烈的打击。当自以为"一直是自己做决定""一直是自己做选择"的人，突然意识到"其实并非如此"的时候，可能会受到巨大的打击。有人会因此情绪低落，数日闭门不出。

在这样的心境下，她发现了我的书，来找我做心

第1天
你是不是自以为自己做了决定

理咨询。

我说:"其实你是一个阳光开朗的女孩,或许这才是真实的你。只是青春期时,你隐藏了真实的自己。这次生病或许就是为了让你意识到这一点。在心理咨询中,任何疾病都可以解释为一种信号。你得的妇科疾病是只有女性才有的疾病,所以可以解释为'你是不是一直在隐藏自己的女性特质呢,其实你可以活得更像女人一点'。或许你心里也渴望活得更像女人。"

她一直疑惑为什么自己在小学高年级时,人生发生了180度的转变。明明并没有经历校园霸凌和剧烈的环境变化,那到底是为什么呢?

我说:"这很正常,就像青春期时身体会发生变化一样,人的心理也一样,在成长过程中,人的意识和思考是会变的。有些人的性格会突然发生改变,开始在意周围人的眼光,害怕周围人的评论。"

> 我是一个超级害怕做决定的人

◎ 还记得童年时候的梦想吗？

于是我问她："你还记得童年时候的梦想吗？"

她回答说："我曾经想成为偶像或者演员。小时候经常与附近的孩子们开'演唱会'，我一直是中心人物。"

但是不知从何时起，她突然意识到这个梦想太蠢，就深埋了这个梦想。之后就再也没有过什么梦想了。女孩子想要成为偶像或演员，这种心理往往意味着渴望站在人前和聚光灯下，成为有名的公众人物，受大家追捧，被大家喜爱。

她其实并不想生活在阴暗中，也许她更适合过闪闪发光的人生。

"但是现在开始做偶像也太迟了……"

"做偶像也不是不可以，但闪闪发光的人生，不

第 1 天
你是不是自以为自己做了决定

只是有做偶像或演员这一种选项。你可以做你喜欢的工作,也可以在妈妈中成为领导者或者意见领袖。即使不成为公众人物,也可以找到适合自己、自己喜欢的事情,这样的你依然可以闪闪发光。"

◎ "他们都爱我,我很幸福"是真的吗?

这时,我向她提了一个问题:"如果你一直像个疯丫头一样长大的话,现在的人生会是什么样子呢?"

她说:"我想我会活得更自由,到处飞来飞去,做我喜欢的事情。我一直向往国外的生活,所以我可能会在日本和欧洲之间往返,过着与现在完全不同的生活。"

"我在不知不觉中按照父母和周围人的期望决定了自己的人生。一直说服自己:周围人都很爱我,我很幸福。生病后我终于明白了,今后我要自己决定自

> 我是一个超级害怕做决定的人

己的人生。我也会和丈夫谈一谈,想像从前的自己那样,更加自由地生活。"

之后,她开始学习从前就很感兴趣的司仪行业的知识,也就是在婚礼、宴席上当主持人。据说是因为她想起了当年在她的结婚典礼上女主持人闪闪发光的样子。她的丈夫也没有丝毫反对,非常支持她的决定。

于是,她一边照顾孩子,一边上培训班。渐渐地,她的内心发生了一些变化。她发现自己可以十分自然地向丈夫表达谢意了。

做自己想做的事情,人生逐渐变得有趣,她的眼睛里有了光芒,表情变得柔和,腰杆子也变得挺直。丈夫给她自由,她自然而然地对丈夫表示感谢。之前她也常常对丈夫表示感谢,但现在看来,那时候的感谢更多的是出于一种义务,并非发自内心。现在,她可以自然地表示感谢,时常感到"我的另一半是他,

第1天
你是不是自以为自己做了决定

真是太好了"。结婚七八年后突然发生的变化,令她自己也觉得震惊。

她有点儿害羞地说:"这可能是我第一次认真地喜欢一个人。"她的好心情也感染了双方的家人,与双方父母的关系也更和谐了。

这就是从青春期压抑自己、扮演"好孩子"的她的经历。

在不知不觉中,她变成了好孩子,变成了无法自己做决定的人。让她意识到这一点的契机是疾病,**疾病为她创造了改变现有生活方式的契机,因此她现在开始对这场疾病心存感恩。**正因为她学会为自己而活,才能笑着面对疾病。

怎么样?

你现在的人生符合自己原本的价值观吗?是适合自己的人生吗?如果你像她一样,觉得"本应该幸福但总是不开心""身在福中不知福",那么或许是时候找回原本的自己了。毕竟谁也不想在生命结束时,才想起来要过自己的人生。

有没有被过度干涉的父母所束缚?

◎ 应该和性冷淡的丈夫离婚,和婚外恋男友在一起吗?

刚刚讲的都是工作上的烦恼,接下来我要讲的是关于伴侣关系的故事。

有一位30多岁的女士来咨询,她说:"我不知道要不要和丈夫离婚。"结婚五六年了,她和丈夫一直没有性生活,也没有孩子。她与丈夫沟通过多次,但每次都被敷衍搪塞,她心中的不满不断堆积,觉得自己没有被当作女人,很是寂寞。好在她工作繁忙,便

第1天
你是不是自以为自己做了决定

一直努力用工作填补内心的寂寞。

但是,有一天,由于某些机缘,她认识了一名离过婚的男性。他和她的丈夫完全不同,性格爽朗,非常有男子气概,她很快就爱上了他。据她所说,通过他,她第一次感受到了性爱的快乐。尽管如此,她对丈夫却没有感到内疚,下班后会和男友见面,就像普通的恋人一样约会。

有一天,男友向她说起了未来的梦想。他想要去国外发展事业,往返于国外和日本生活。他想在东南亚某地买一所房子,还想四处旅游。

她从前就梦想住在国外,所以对他的梦想感到十分心动。她丈夫的工作只在日本国内,即使偶尔去国外出差,也不可能长住。于是,她打算和丈夫离婚。但是当她认为已经做好思想准备时,突然又纠结起来,过几天她又觉得"还是得离婚",如此犹犹豫豫。

> 我是一个超级害怕做决定的人

她从那时开始看我的博客,并看到了博客上的一篇文章,于是她向男朋友说明了自己正在犹豫是否要离婚的想法。

她男朋友坦诚地说:"我想和你一起去国外生活,也想和你一起工作,但是我等不了太久。"她被他的诚实率真打动了(她的丈夫说话总是含糊其词)。但同时她也开始焦虑。明明已经无数次决定要离婚,却迟迟不能行动,她对这样的自己感到失望。

于是,她来找我咨询。关于性冷淡的咨询,我常常问这样一个问题:

为什么你这么能忍呢?是不是曾经忍受过比这更痛苦的事情?

她说起了小时候和母亲的故事。

她的母亲把她当作自己的附属品,总是过度干涉她的生活,大事小事都要过问。她觉得拘束,但如果

第1天
你是不是自以为自己做了决定

不听母亲的话，母亲就会变得歇斯底里。一直以来，她虽然不情愿，但还是一一照办。所以当她大学毕业来到大阪时，她终于感到身心放松了。

◎"我都是为了你好"，你是否被这句魔咒束缚了

然而，轻松的日子没过多久，她的母亲又开始频繁地打电话、发信息，有时甚至追到她家里来。终于有一天，她爆发了，在二十四五岁时与母亲断绝了关系。之后，母女关系虽有一些改善，她也请母亲来参加了婚礼，但是稍微聊几句，母亲还是会像从前一样歇斯底里。她至今仍不喜欢与母亲相处。

她与母亲几乎不联系，只有过年时会回家看一眼，当天就走，平时也不会想念母亲。

但是，在母亲替她做决定的那段人生形成的习惯残留至今。

> 我是一个超级害怕做决定的人

过度干涉、过度保护、过度担忧，如果成长过程中被这样的父母支配，从今天要穿的衣服，到学习的特长、每天的行动、目标学校的选择，都会以父母的意愿为优先。这类父母就是这样，以"为你好"的名义替孩子做决定，让孩子在成长的过程中，失去了自己做决定的机会。

但是，孩子不会一直这样，有一天会像这位女士一样爆发，进入叛逆期（也有人在成长过程中始终没有经历叛逆期）。

虽然现在她离开了父母开始独立生活，但是多年以来养成的习惯却难以改掉，其中之一就是"无法自己做决定"。

不过，跳槽到第二家公司，是她自己决定的。结婚前丈夫犹豫不决，也是她主动推进结婚进程的。

但是，她发现她总是在不知不觉中选择了"母亲

第1天
你是不是自以为自己做了决定

想要的答案"。受到母亲追求稳定的性格的影响,她之前和现在都是在稳定的大公司上班。决定和丈夫结婚也是因为确信"这个人肯定不会背叛我"。

在衣着方面,母亲经常说"女人结婚后不能穿得太花哨",不知不觉中,她也朝着这个方向去做。环顾她的日常生活,在做选择的时候,总是会依从母亲的意见。

母亲的影响就像阴魂不散的"亡灵",一直在她身边,对她做出指示。她的母亲坚决反对离婚。她的父母总是吵架,在背后互相漫骂,但一直没有离婚。如果她提出要离婚,她的母亲一定会歇斯底里地反对。

意识到这一点,她受到了很大的打击。

"原来我完全没有逃出母亲的束缚。"

我建议她先不要考虑男朋友和丈夫的事情,首先要做的是脱离母亲的束缚。她列了许多"负面情绪清

> 我是一个超级害怕做决定的人

单"（在第 4 天我会详细介绍），做了许多脱离母亲的影响的训练。渐渐地，母亲对她的影响变淡了。

在这个过程中她发现：不只是伴侣关系，原来我根本没有自己决定自己的人生。

之后，心理咨询的话题就变成了"如何自己做决定"。从那之后，她对男朋友的热情一下子冷却了，虽然还喜欢他，但是并不那么期盼和他一起去国外生活了。

◎ 为什么对婚外恋男友的迷恋突然冷淡了呢？

其实这种案例很常见。许多人和她一样，婚姻生活不顺，就开始期待着"白马王子"的出现，期待着有个人能带自己逃离现实，而这时正好有一位理想的男士出现在她的生活中。但其实她**只是在期盼一个能改变她现状的人**。

通过心理咨询，她开始正视自己，不再期待有人

第1天
你是不是自以为自己做了决定

能带自己逃离现实,开始自己决定自己的人生。当她开始探寻自己的人生,并付诸行动时,男朋友在她心里的分量就越来越轻了。

她说:"虽然还是很喜欢他,但是如果跟着他去国外,就又和从前的自己一样了。我现在觉得找到适合自己的生活方式比那样做更有趣。"

后来,她为了活出自我,为了自由职业开始考取资格证,提升技能。

她说:"我考虑了很多,我想四处旅游,想自由地决定自己的生活,和喜欢的人交往。我很想要过像您一样的生活,但其实心理咨询师的工作很辛苦(话外音:我苦笑到),所以我还是决定运用之前掌握的广告方面的知识,拓展人脉,发展事业。每当我这么想,就充满干劲儿,从心底涌上一股热情。这种心情就像我刚见到我男友时那样。说不定他的出现,就是

> 我是一个超级害怕做决定的人

为了打开我的热情开关。"

闪闪发光地谈论着梦想的她确实光彩照人。

由于亲子关系是一种近距离的关系,孩子自然会受到很大的影响。有许多人跟她一样,自认为已经摆脱了父母的影响,但内心深处还是被束缚着(甚至可以说没有人能够完全不被父母影响)。

当然,父母的影响并非只有坏的一面。但是,你一定不想因为父母的影响,而变得无法决定自己的人生吧。

当你意识到"这是受父母的影响",并且有意识地摆脱这种影响时,就像揭掉面纱一样,渐渐地,你就可以削弱这种影响。但是,由于我们所戴的"面纱"往往有上百、上千层,所以需要我们一层一层慢慢地揭掉。希望大家以平静的心态,耐心地做这件事。

第 1 天
你是不是自以为自己做了决定

任何人都会受到父母的影响。

我是一个超级害怕做决定的人

你从心底认可吗?

在接下来的案例中,女士想结婚,但是她男朋友的态度却始终犹豫不决。

她问男朋友:"我们要不要结婚?"男朋友只是回答:"时机到了我自然会求婚,再等等吧。"男朋友的回复让她变得焦躁不安。

她一直想早点儿结婚,和他成为一家人,生一个他们的孩子。终于有一天,在他们两个人出去旅行的时候,他向她求婚了:"抱歉,让你久等了,我们结婚吧。"

听到这句期盼已久的话,她的心中一阵喜悦,但是之后发生的事情令人意外。**她一直希望能和他结婚,但当他求婚时,从她的口中说出的并不是"好**

第 1 天
你是不是自以为自己做了决定

的",而是"再等等"。

她自己也慌了,"嗯?我在说什么,我不是一直想要结婚吗?我一直期盼的就是现在这一刻啊!为什么?这时候不是应该果断地答应吗?"一直认为她会欣然接受的男朋友,表情也瞬间凝固了。

他说:"你是太吃惊了吗?你的回答让我有些意外,我的心情有些复杂。"

"我也不知道自己在说什么……但是,对不起,请再给我一些时间。我也不明白自己为什么会这样。"

男朋友温柔地说:"知道了,我等你。"之后的旅途中他始终不太高兴。她也因无法克制内心的冲突,晚上竟失眠了。

旅行回来后,两人之间的关系突然变远了。他们还像往常一样一起过周末,但他们之间始终充斥着一种尴尬的气氛。她觉得必须早点儿做出决定,所以来

> 我是一个超级害怕做决定的人

找我做心理咨询。

◎ 你无法做决定是因为你内心和大脑的想法不一致

无法做决定,其实就是因为内心和大脑的想法不一致。

今天是训练的第1天,我想介绍几个"大脑做了决定,但是内心并不认可"的案例。

"大脑做了决定,但是内心并不认可",指的是内心和大脑的想法相背离的状态。这是因为你没有倾听自己的心声,只用大脑思考了。无法自己做决定,或者即使做了决定,一旦遭到反对就立刻失去自信心的人,会因为过分在意他人的意见,经常让自己陷入这种状态。

她发自内心地想要和他结婚,一直相信他,等待他的求婚。但是,她的内心还没有完全决定。

第 1 天
你是不是自以为自己做了决定

用比较专业的话来说,我们的潜意识非常深,有时需要将潜意识分成浅层区和深层区来考虑。潜意识的浅层区指的是相对接近显意识,可以感知到欲求、愿望、愤怒等情绪的区域。潜意识的深层区指的是在过去的经历中产生的情绪存在的区域,这些情绪包含一些难以意识到的恐惧、内疚等。

在她潜意识的浅层区,她想要和他结婚,想让他快点儿求婚;但是在深层区,她又害怕结婚,所以求婚让她不知所措。我们常用"发自肺腑"来形容感情发自内心,"肺腑"就可以理解为潜意识的深层区。真正的心声就在"肺腑"中。

听完她的话,我告诉她:"**你需要'断舍离'。可能是因为你的心中积压了太多的情绪,你自以为已经决定了,但其实并没有。**"

我建议她将各种情感都吐露出来。

> 我是一个超级害怕做决定的人

显意识 ↑
↓ 潜意识

想快点儿结婚

愤怒

愿望

浅层区（容易认知）

恐惧

内疚

害怕结婚

深层区（难以认知）

第1天
你是不是自以为自己做了决定

她的父母在她上高中时离婚了。父母关系不和,总是吵架,她经常从中调和(所以她在人际关系中常常扮演"调停者"的角色)。

在这样的家庭中长大,让她比其他人更渴望结婚。

她说:"夫妻必须恩爱和谐,组建一个安定温暖的家庭,不能让孩子有一个不快乐的童年。"

从她遇到现在的男友、开始和他交往时,她就想:和这个人可以组建一个理想的家庭。但是,在她潜意识的深层区,还有其他想法。

她时常感到不安:"我可以组建这样的家庭吗?我父母的婚姻已经失败了,我可以吗?"她也感到愤怒:"为什么我的父母不能为我创造一个幸福的家庭呢?"她还十分内疚:"为什么我没能帮助我的父母呢?"

通过咨询,她逐渐从这些想法中走出来。我让她

我是一个超级害怕做决定的人

在纸上写下对婚姻生活的诸多不安和恐惧；让她把父母吵架时她的痛苦和寂寞用语言表达出来；让她把自己从未意识到的对婚姻和家庭的负面想法用语言表达出来。

于是，她把内心的想法告诉了男朋友，希望得到他的理解。他说："原来是这样啊，那这次换我等你。毕竟之前我让你等了那么久。"他真的是个很好的人。

她一边向他敞开心扉，一边对各种情绪进行"断舍离"，这让她发现两人之间的牵绊更深了。之前，因为她想要组建一个温暖的家庭，一直努力让两人之间的关系变得更好，所以她从不抱怨，也不吐露不满，总是一个人默默地消化自己的负面情绪。

但是这次，她把自己内心的想法告诉了他，不仅自己轻松了，还更加爱他、信任他了。

有一次，他对她说："你不像其他女孩一样容易

第1天
你是不是自以为自己做了决定

发脾气、爱生气,总是微笑着,让我觉得很不可思议。但其实你也有很多情绪。现在知道后,我反而更安心了。"

听了他的话,她意识到之前是自己太过于勉强自己了,现在她紧张的肩膀终于松了下来。

有一天,她突然自然而然地问道:"你真的想和我结婚吗?"

他笑着回答:"当然!"

那一瞬间,各种情绪涌上心头,她第一次在他面前放声大哭,眼泪止不住地流,连她自己都被吓到了。那一刻她想起了自己的童年:父母吵架时,她无比恐惧,担心父母会离自己而去,便捂在被子里痛哭,还对自己的无能为力感到自责……

他一直抱着她。那时,她从心底确信——他就是她命中注定的爱人。

> 我是一个超级害怕做决定的人

我也曾走在既定的人生轨道上

我们大多数人初中毕业后会升入高中，然后上大学，等大学快毕业了就开始找工作，到一家录用自己的公司上班。当然，中途可能会经历各种事情，如考试受挫，在大学挂科留级，因为找不到工作而焦头烂额……可你是否意识到，自己一直走在这条既定的轨道上？

比如，在考大学的时候，你是否想清楚了为何选择这所学校，是否想要在这一领域更深入地学习，将来是否想要从事相关的工作？再比如，找工作的时候，你是否发自内心地认为这是你想要从事的工作？

你是否有过这样的经历：没有特别想做的事情，没有梦想，等回过神来，发现自己已经身处其中了。

第1天
你是不是自以为自己做了决定

"我到底是谁?我到底想做什么?"你是否至今都没有找到答案?

或许在不知不觉中,我们一直行走在别人为我们设好的人生轨道上。

在第1天的最后,我想讲一下我自己的故事。

其实,从前的我也走在既定的人生轨道上。

进入父母心仪的高中,然后考入和自己成绩相匹配的一所大学。没有什么特别想做的事情,只是为了将来能更好地就业,抑或是对进入社会没有自信,我又读了研究生。我曾经有一个模糊的目标——想要成为一名企业顾问,但是还没有认真考虑过如何实现这个目标,就来到了一家IT企业。

很快我就碰壁了。

那时我大概25岁,工作上迟迟没有成就,生活中也有些不顺。我陷入了对哲学命题的思考:我是

> 我是一个超级害怕做决定的人

谁？我想做什么？我想怎样过我的人生？找不到答案的我选择了暂时停职休假。

那时，我每天自责，感叹自己处境悲惨。我辜负了父母和公司的期望，让他们担心和失望，这又让我有了负罪感。由于人生受挫，我每天生活在不安中，身心饱受折磨。

但现在看来，那段经历成为我重新认识自己人生的重要契机，当时我只感到前途渺茫，陷入了一片黑暗。每天无精打采，只觉得生活乏味。复工后，虽然工作很顺手，我却完全没有认真工作的积极性。

陪伴在身边的家人十分担心我，我给他们添了不少麻烦。

这是我人生中的第一次受挫经历。

但是得益于这次受挫经历，我开始认真回顾我学过的心理学知识。我回顾自己的人生，重新认识自己，

第1天
你是不是自以为自己做了决定

治愈内心,在这一过程中,我决定进入心理咨询行业。

当时的人们并不认可心理咨询师这个职业,"那是什么?是什么宗教吗?""以心理咨询为主业,收入不稳定,生活没有保障"。不管别人怎么说,在与自己对话的过程中,我想清楚了一件事情——我不适合继续做上班族了。

我并不讨厌工作,公司的上司、同事也都十分关照我,但是从一开始,我就对"公司"这种体系持有疑问。

"为什么每天要在同一时间坐在同一个地方?为什么努力的人和不努力的人得到的工资是一样的?"

对于适合成为上班族的人来说,这种体系是求之不得的,但是我却感到拘束。也许是因为我的父母和亲戚都是个体户,工作时间自由,每月的收入不稳定,经济状况也不稳定(生意好的时候收入会很多)。

> 我是一个超级害怕做决定的人

有时,父亲甚至会在深夜出门去解决生意上的麻烦,不分工作日和节假日。或许我的工作观念是受到了家人的影响。

我想在不同的地方工作,想要自己决定自己的日程安排。如果让我每天做同样的事情,我马上就会厌倦,而根据业绩获得报酬,会更让我有工作的动力。所以,我脱离既定的人生轨道,决定走上一条新的道路。

但是,由于我从学校毕业后,没有考虑过想做的事情和未来的打算就直接工作了,现在让我脱离既定的人生轨道比想象中更需要勇气。在"前言"中我也写道,我曾经递交辞呈,在公司准许我离职的一周后,我又撤销了辞呈。因为真正递交辞呈后,我感到了恐惧和不安,完全无法想象自己以后的生活。

尽管如此,继续在公司上班仍让我感到很痛苦,

第 1 天
你是不是自以为自己做了决定

我感到自己不是自己,于是我重新做准备,一年后再次递交了辞呈。我还记得离职的那一天是 4 月 1 日,我感到十分轻松,仿佛身后长出了翅膀。这足以证明,之前的我活得有多么压抑。

在 30 岁时,我脱离了既定的人生轨道,开始走自己的路,做我想做的事情。我决定要过自己的人生。

30 岁后,我实现了一个又一个梦想。我以心理咨询师为主业,作为讲师教授心理学知识,举办规模超过 100 人的心理咨询研讨会,还出版了自己的书。

自从我决定要过自己的人生后,我找到了自己的梦想,并且让梦想成真,已经实现的梦想还带来了新的梦想。接下来,我想要一边游历全国,一边举办心理咨询讲座;我想要写出畅销书;我想要培养出比我更优秀的人……我还有许多事情要做,现在我正在追梦的途中。

> 我是一个超级害怕做决定的人

日本的教育系统有非常好的一面，也有非常不好的一面。现实情况是，我们不需要深入地思考自己的未来，学校会为我们铺路，帮助我们找到一份工作。一旦中途辍学，未来的道路就会一下子变窄。当然，比起我上学的时代，现在的年轻人拥有更多的选择，他们可以更容易地选择适合自己的道路，这一点非常好。

这样的教育系统虽然安全、让人信赖，但是完全依赖这个系统，就会让人丧失主动思考的能力。"我是什么样的人？我对什么感兴趣？我有什么才能？我适合什么样的生活方式？"没等学生们想清楚这些问题，就进入了社会。

到了二三十岁、三四十岁时，就会开始面对这一问题——我真正想做的事情是什么？我的人生就这样了吗？然后陷入深深的迷茫中。

第1天
你是不是自以为自己做了决定

> 我是一个超级害怕做决定的人

正因如此，重新审视自己，学会自己决定自己的人生，才变得十分重要。

感觉怎么样？今天的旅程就先到这里吧。通过别人的故事，有没有让你重新审视自己呢？作为第1天的小结，如果有时间，你可以尝试做一下后面的练习。现在，你应该已经开始将注意力转向自身了。通过后面的练习，可以让你更深入地挖掘自己的内心，对接下来的旅程也会有帮助。第2天的主题是"为什么你无法自己做决定"。如果你已经感觉累了，不要勉强，早些休息吧。

第 1 天
你是不是自以为自己做了决定

第 1 天的练习

（1）假如存在平行世界，平行世界中的你在初中时因成绩不理想而辍学，你认为自己会拥有怎样的人生？

（2）如果你的性格依旧是小时候的样子，你会拥有怎样的人生？

（3）在你人生的各种选择中，父母对你的影响有多大？（默认父母的影响一定存在）

第 2 天

为什么你无法自己做决定

> 我是一个超级害怕做决定的人

如果你已经意识到自己是一个无法决断的人,那么接下来,你就要思考为什么你无法决断,进一步深度剖析你自己。

在刚出生时,人都是感情优先,随心所欲的。随着年龄的增长,理性思维开始起作用,人开始学会用大脑思考。

遭到别人反对就立刻失去自信、无法自己做决定

第 2 天
为什么你无法自己做决定

的人,往往有牺牲自我、优先考虑他人的倾向。他们只听到了他人的意见,却没有好好倾听自己的内心。其实,即便是他们,在婴幼儿时期也是以自我优先、感情优先的,只是在成长过程中,有些事情不得不优先考虑他人,便逐渐形成习惯,后来也总是优先考虑他人。

知道自己为什么无法决断,就离"勇于决断岛"更近了一步。深入挖掘自己的过去,可能会让你想起痛苦的回忆,加重自己的心理负担。那时请不要勉强,合上书,做几次深呼吸。

不过没有关系,从第 3 天开始,我会告诉你如何摆脱那些让你痛苦的过去。

> 我是一个超级害怕做决定的人

无法做决定？这种烦恼其实是一件好事

◎ 我们生活的时代存在很多"正确答案"

让我们开始第 2 天的旅程吧。首先，我想说，你无法自己做决定可能是因为这个时代。

从很久以前开始，我们通过互联网可以瞬间获取全世界的信息，通过社交网络可以和各种各样的人进行交流。在这样一个信息爆炸的时代，人们的价值观也逐渐多样化。这个时代不仅不存在唯一的"正确答案"，甚至可以说存在无数个"正确答案"。

比如，在过去，只要从好大学毕业，进入一流

第2天
为什么你无法自己做决定

企业，就能获得丰厚的报酬和不错的福利。因为公司实行年功序列①和终身雇佣制，不用自己做决定，认真做好上级交代的工作，适当努力一下，积累几年经验，就可以升职加薪，然后买房买车；退休后靠退休金和养老金，就足以生活了。所以那时的人们过得安心、幸福。

但是，在如今这个时代，进入大企业工作也不一定能安稳。一辈子只在一家公司上班，稍微努力一下就会涨薪，这已经成为过去式。反倒是通过跳槽涨薪的实例越来越多，甚至在某些行业，通过跳槽实现升职加薪已经成为常态。

有越来越多的人不愿当上班族，选择了自由职业（我就是其中之一）。还出现了没有办公地点的公司，

---

① "年功序列"是日本企业的传统工资制度，即随着员工年龄和工作年限的增长直接带来基本工资的提升。

> 我是一个超级害怕做决定的人

这些公司不限制办公的地点,只要能上网,无论在哪里都可以工作。

还有越来越多的公司允许员工从事副业。我的朋友就是一边在公司上班,一边在公司的允许下做咨询师和讲师。

现在甚至出现了一些10年前并不存在的工作(如视频博主)。我所从事的心理咨询师这一职业,在20年前也被质疑"能靠这个吃饭吗",但是现在已经有很多人以此为生了。

◎ 在这个时代,不是随便努力一下就能获得幸福

婚姻家庭形态正在不断发生变化。事实婚姻已经被认可,现在又出现了分居婚、周末婚等新形态。妻子的收入高于丈夫的情况也已不罕见。随着离婚率年年上升,"夫妻要一辈子共处同一屋檐下""妻子要负

第2天
为什么你无法自己做决定

责家务和带孩子"等老观念逐渐被颠覆。

孩子的受教育方式也在变化，可选择的学校形式越来越多。

新冠肺炎疫情促使我们不得不重新审视自己的工作方式和生活方式。疫情期间，远程办公兴起，坐班混日子的时代结束了。许多人不再需要每天通勤，以此为契机，有人希望今后也可以多在家办公。在家的时间增多了，人们开始思考如何充实生活、享受生活。另外，由于和家人接触的时间增多、距离变近，有的人和家人之间产生了新的矛盾，而有的人却更强烈地感受到了家人的重要性。或许这场疫情正在让我们明白，对我们自己来说什么是最重要的、什么是不重要的。

选择太少时，人会感到束缚和痛苦，但是如果选择太多，又会让人陷入混乱，依旧会感到痛苦。**无法**

> 我是一个超级害怕做决定的人

自己做决定的人，怎么也想不出自己想做的事情，不知道什么是适合自己的生活方式。有不少人被他人的意见牵着鼻子走，生活在痛苦中。

但是，换个角度想想，现如今我们能自由地选择适合自己的生活方式，说明这是一个很好的时代。

只要完成上司交代的任务就能得到幸福的时代，看似很容易获得幸福感，但其实那时的人们根本无暇思考"我到底想做什么"，忙忙碌碌一生，临终前才开始哲学般地思考"我这一生就这样了吗"。

在某种意义上，如今这个时代让我们可以在更早的人生阶段思考这些哲学问题。请你相信，现在因为无法做决定而苦恼的你，距离幸福只有一步之遥。这是好事。毕竟谁也不想临终前才意识到"原来那才是我想做的"。

做心理咨询师20多年来，我见过2万多人，我

第2天
为什么你无法自己做决定

可以确信的是,真正感到幸福的人,往往是那些即使被周围的人反对,即使没有先例,也能坚定自己想做的事,也能坚持自我的人。过去,在选择匮乏的时代,人必须有根据环境改变自己的能力,需要忍耐、能干。但是,在选择众多的时代,我们不再需要忍耐,而是坚持自我,这样的人才能过得幸福。如果一份工作能根据现有的数据有逻辑地推导出答案,这样的工作AI就可以完成,而人可以更自由一点,听从自己的内心做决定。

◎ 这个时代需要的不是正确的答案,而是合理的答案

想要坚持自我,必须树立以自我为本的意识。我经常在讲座和咨询中说:"不要以他人为本,要以自我为本。""以他人为本"指的是由他人决定是非对错,

> 我是一个超级害怕做决定的人

"以自我为本"指的是由自我的内心来决定。如果"以他人为本",就会产生无数种答案,人就无法决断。**在这个时代,树立以自我为本的人才能幸福。**

曾经,我因为同专业的同学都去了IT行业,于是随大流也去了IT行业。在当代,这种随大流的做法并不一定是正确的选择。"你喜欢计算机,所以你去IT行业,我不适合当上班族,所以我要创业",像这样根据自身情况做出决定的能力,才是这个时代所需要的。

正因如此,学会自己做决定是一件十分有价值的事情。我们所处的时代,从工作、家庭到生活方式,都在逐渐多样化,我们需要拥有选择令自己最舒适的生活方式的能力。

第 2 天
为什么你无法自己做决定

能否自己做决定和自我认同感密切相关

◎ 一遭到反对就失去信心，是因为自我认同感过低

刚刚我们说到了导致无法自己做决定的其中一个原因——时代。同时，我们需要树立以自我为本的意识。

想要学会自己做决定，除了树立以自我为本的意识，还有一件事情十分重要，那就是提升自我认同感。如果自我认同感过低，一旦遭到周围人的质疑，就会失去信心，变得无法决断。所以，这本书的练习都是为了帮助大家重新树立以自我为本的意识，提升自我认同感。

自我认同感过低，指的是无法认可自己真实的样子，总是陷入自我否定、自我厌恶的状态。

举个例子，当一个自我认同感过低的人面临 A 和 B 两个选项时，即使他选择了 A，内心也会犹豫，

> 我是一个超级害怕做决定的人

觉得是不是 B 更好呢（习惯自我否定的人无论选择对错与否，总是习惯性地否定自己的选择）。

即使他听从自己的内心转而选择 B，又会再次自我否定，觉得是不是 A 更好呢。于是，他开始感到焦虑，逐渐厌恶自己。

其实，自我认同感过低的人，根本没有自信心。当期限临近时，他们虽凭感觉做出决定，但是马上就会陷入自我怀疑。这时如果周围人稍有质疑，他们就会立刻失去信心，陷入犹豫不决的状态。

即使没有根据，也可以决断吗？

◎ 有的人在决定之前犹豫不决；有的人在决定之后犹豫不决

每天都有各种人向我咨询关于结婚、离婚、离

第2天
为什么你无法自己做决定

职、生孩子、买房等问题。他们站在人生的岔路口，对前路感到迷茫。无论男女，我都告诉他们："女性思维突出的人在决定前更容易犹豫不决。"

有一位女士正在考虑是否要和丈夫离婚，她说："早上起来决定要离婚，到了晚上又觉得算了吧，总是下不了决心。"她开始讨厌犹豫不决的自己。其实"女性思维占优势 = 情感丰富"是有一定道理的（原因我在后面会说明）。

而男性思维占优势的人往往善于有逻辑地看待问题，可以迅速做出决定，但是决定之后却会犹豫不决，迟迟难以付诸行动。

有来访者说："现在的公司已经待不下去了，我决定要跳槽，但是难以付诸行动。总是担心能不能找到下家，如果下家的工资比现在还要低怎么办？"这就是"做出了决定却无法行动"。

> 我是一个超级害怕做决定的人

为什么会这样呢?其实"做决定"有两种方式,接下来我将说明这一点。

◎ 你是"用脑做决定"还是"用心做决定"

在心理学中,"做决定"到底是什么呢?在第1天的最后,我已经谈到了这一点,因为是非常重要的问题,所以我想再次深入地讲一讲。

人的心理活动可以分为"显意识"和"潜意识"(严格来说还存在"无意识",但是这本书不是心理学的专业书籍,在这里省略了"无意识")。

显意识指的是自己能够清晰认识到的意识,比如思考、理性,是用大脑思考、可认知的意识。潜意识指的是自己平时意识不到、但是在某些时刻可以调动出来的意识,它也会对我们的思考和行为产生影响。潜意识往往以感情、感觉的形式呈现。

第2天
为什么你无法自己做决定

也就是说,可以认为"显意识=思考""潜意识=感情、感觉"。

"做决定"可以分为"显意识做决定"和"潜意识做决定",换句话说,也就是"大脑的决定"和"内心的决定"。如果两种决定不一致,我们就无法付诸行动。

你们是否有过这种体验:

"看着杂乱的桌子觉得要收拾一下,但是却不想动。"

"这篇报告在今天之内必须提交,但是却无法集中注意力写出来。"

"减肥中不可以吃零食,但是忍不住。"

这就是"道理都懂,但是做不到"。这是因为在我们的"显意识=思考"中,认为"必须收拾""必须写报告""必须减肥",但是在"潜意识=感情、感觉"中,我们感觉"这太麻烦了,不想干"。

我是一个超级害怕做决定的人

必须减肥!

再减××公斤!!

道理都懂,但是……

咔嚓

咔嚓

明天再说!

第2天
为什么你无法自己做决定

大脑做了决定,但是心里没有下定决心,于是就无法付诸行动。

◎ 为什么只停留在口头,无法付诸行动呢

在我们的大脑中,存在男性思维和女性思维两种思维。男性思维和女性思维是形成男性特质和女性特质的要素,根据两者所占的比例塑造出不同的个性。

不过这里我想说的并不是"男性就要如何如何""女性就要如何如何"。比如,大家身边可能存在像男性一样干练的女性,在心理学中,常常称这种女性为"男性思维占优势的女性"。

一般来说,男性思维占优势的人,无论男女,往往比较"有逻辑、理性"。而女性思维占优势的人,往往善用"感情、感觉"看待问题。也就是说,前者善于思考,后者善于感受。

> 我是一个超级害怕做决定的人

想象一下，一个男性思维占优势的人（X）和一个女性思维占优势的人（Y）同时面临 A 和 B 两个选项（必须二选一）时，他们分别会怎么做呢？

面对选项，X 会率先在大脑中思考："A 和 B 哪个更有利？哪个更高效？哪个是正确的？"这是一种有逻辑的思考，因此比较容易得出结论（答案），理由也比较充分。像 X 一样男性思维占优势的人，往往可以很快得出结论："就是 A 了！"

比如，在考虑跳槽选择下家时，X 会思考：A 公司给的工资更高，我现在有孩子，以后孩子的教育需要花很多钱，所以工资越高越好。

但是，男性思维占优势的 X 过于理性，很难意识到自己的感情。大脑中已经决定了"选 A"，但是心里（潜意识）想的却是"等等，不对"，所以在（大脑）做决定之后，又陷入了犹豫，难以付诸行动。

第 2 天
为什么你无法自己做决定

男性思维占优势的人的逻辑思考类型

女性思维占优势的人的感性思考类型

> 我是一个超级害怕做决定的人

他/她表面上说"我决定跳槽了",但潜意识里却有各种抵触情绪,结果就会变成"口头上说要跳槽,一直不付诸行动"。一般来说,男性思维占优势的人常被指责"言行不一致",就是由于这个原因。

而Y的感性比理性占上风,当他/她面临A和B两个选项时,Y不会通过逻辑思考来决定,而是根据心情选择。根据当下的心情,Y认为A好。但是感情、感觉是不断变化的,过不了多久,Y又会觉得"还是B更好",最终在A和B之间摇摆不定。在这期间,即使在大脑思考后认为A更好,但是由于感情、感觉摇摆不定,所以在做决定之前会犹豫不决。

也就是说,做决定后犹豫不决的人,是因为只凭大脑的理性做了决定,而心里没有决定。在决定之前犹豫不决的人,是因为心里摇摆,所以无法做

第 2 天
为什么你无法自己做决定

出决定。

刚刚我们从男性思维和女性思维的角度讨论了"做决定"的两种方式。接下来,我们将无法做决定的人分为以下几种类型,并分别讨论其背后的原因。

你是哪种类型?

类型 1　大脑过度思考而无法决定——思考型

其中一种就是"想太多"。东想西想,想得太多而无法决定。"想太多"背后隐藏的是各种恐惧,比如"对失败的恐惧"。

当我们担心"失败了怎么办"的时候,就会拼命寻找避免失败的方法。即使我们经过思考得出了结论 A,但是却无法完全相信 A 是正确的(或者说无法消除恐惧),便会开始思考"是不是 B 更好"。思来想去,

> 我是一个超级害怕做决定的人

类型 1

大脑过度思考而无法决定——思考型

第 2 天
为什么你无法自己做决定

好像 A 也不好，B 也不好，怎么思考也得不出结论，最终无法做出决定。

在这一过程中，我们的内心发生了什么变化？其实，我们是在通过思考躲避恐惧。

可能有些难懂，下面我将具体说明。

当人们想"如果不成功该怎么办"的时候，因为不想感受到这种恐惧，所以就会通过别的方式来掩盖恐惧。这时，他们就开始思考。"是 A 吗？好像不是 A；是 B 吗？好像也不是 B。啊，到底该怎么办……"

也就是说，"思考"的真正目的不在于"决定"**是 A 或是 B，而是在躲避恐惧。因为目的在于躲避恐惧，所以反倒不希望得出答案。**

因此，与其说他们"陷入"了过度思考的状态，不如说这正是他们所希望的。

> 我是一个超级害怕做决定的人

这一类型的人常把"道理我都懂"挂在嘴边。因为思考，所以懂得道理，但是"懂得"和"决定"是两回事。出于恐惧心理，他们往往在无意识中逃避"做决定"。

类型2 因为追求完美而犹豫不决——完美主义型

"完美主义"也会成为导致犹豫不决的原因之一。任何事情都追求完美的人，在做决定时，会无意识地追求"可以完美地保证成功的答案"。

也就是说，他们倾向于把错误和失败当作可怕和可耻的事情。然而在做决定时，几乎不存在100%正确的选项（如果真的存在，那我们就不必烦恼了）。

正因为存在各种风险，我们才会犹豫，才不得不做出决断。如果一味地追求完美的答案，那就无法决断。

第 2 天
为什么你无法自己做决定

类型 2

因为追求完美而犹豫不决——完美主义型

> 我是一个超级害怕做决定的人

我们所犹豫的选项并不存在绝对的好坏,所以我们才会烦恼、才要思考,即使选择了其中一个,也有可能会后悔"是不是另一个更好"。

完美主义者害怕后悔,所以才无法做决定。

想要学会自己做决定,必须抛弃完美主义(具体的方法我会在第 3 天告诉你)。

类型 3　一味地追求正确——正确答案主义型

你是否过于追求"正确"呢?这与完美主义者有相似之处。如果你总是追求"正确答案",就会变得无法决断。学生时代的考试一定存在正确答案,所以只需要努力求出答案即可。但是人生问题的答案并不是唯一的,有时根本不存在正确答案,有时存在成百上千个正确答案。

如果过分追求"正确",就会在无数的正确答案中迷失自我,变得无法决断。

第2天
为什么你无法自己做决定

类型 3

一味地追求正确——正确答案主义型

> 我是一个超级害怕做决定的人

这一类型的人在心理咨询中常常会问"我认为这种情况应该这样做,这样做对吗?""这种情况应该如何与对方沟通呢?"他们的特征十分明显——总是希望寻求正确答案。他们不喜欢思考自己"想怎么做",而更倾向于追求"正确"。这样一来,他们大脑中的正确答案和心里的想法就容易产生分歧。

比如,你因为一些琐事和恋人吵架了。你知道自己是因为工作上的不快把不良情绪发泄到了恋人身上,所以应该主动道歉,但是想起恋人当时的态度,又会感到生气,"他/她的说话方式不太对"。于是,大脑中的正确答案——"应该主动道歉"和你的内心产生了分歧,就无法让你下定决心真诚地道歉。

第2天
为什么你无法自己做决定

类型4 想要做个好孩子——好学生型

回想一下,你是否是家里的好孩子、学校里的好学生?好学生型的人常常被"应该做什么、不应该做什么"这种理想标准所束缚。

这一类型的人往往容易忽视自己内心的想法,只善于考虑"应该怎样做",从而被大脑的理性思考所束缚。

当内心的想法和大脑的理性思考产生分歧时,就会无法决断。"我知道应该怎样做,但是心里并不想这样做。"

从前,有一位女士向我咨询婚姻问题,她正是这一类型。

她和男朋友交往3年了。最初,她是因为非常喜欢他,才和他交往的。但是时间久了,随着两人的激情逐渐退去,价值观的不同、性格的不同,各种问题

> 我是一个超级害怕做决定的人

类型 4

想要做个好孩子——好学生型

第2天
为什么你无法自己做决定

逐渐显露,两人之间的争吵也增多了。

可他们已经交往3年了,也都到了该结婚的年龄。听到周围人都开始问:"你们什么时候结婚?"她的内心也开始挣扎:如果现在分手,无法保证能找到下一个更合适的人。在她还没想清楚时,她被求婚了。

可她发现自己无法真诚地说出"我愿意"三个字。

她从小就是在家让父母省心的好孩子,在学校让老师喜欢的好学生。她的成长一直很符合周围人的期望。被求婚时,她想:"已经交往3年了,周围人都说他是个好人,父母也希望我早点儿结婚,所以我应该接受他的求婚。"可她的心里却总有些别扭。

于是她来找我咨询。

我对她说:"遵循自己的内心就可以了。看来你好像不是很喜欢他,如果就这样结婚的话,以后很可能会后悔。"

"确实。"她点头说道。在这次心理咨询后,她依旧感到烦恼,无法决定是否要结婚。终于,在几次咨询之后,她向男朋友坦白了自己的想法,两人最终决定分手。

类型 5　避免引起麻烦——调停者型

这种类型和"好学生型"有共通之处,他们在人际关系中常扮演"调停者"的角色,也容易无法自己做决定。

这里所说的调停者,主要有以下特征:

- 喜欢听取周围人的意见,想要公正地做出判断
- 不表达自己的意见,通过大家的意见进行判断
- 根本没有自己的意见
- 不善于表达自己的意见,因此常常迎合周围人

第2天
为什么你无法自己做决定

类型 5

避免引起麻烦型——调停者型

> 我是一个超级害怕做决定的人

- 不擅长坚持自己的意见

这一类型的人一般不喜欢与人起冲突，爱好和平，宁愿牺牲自己的意见，也希望得出令众人满意的结论。如果他们表达了自己的意见，一旦他人的意见和自己的对立，就会不知如何是好。

如果小组中存在善于表达自己意见的人，他们就会跟从那个人的决定。因为即使那并不是他们的本意，但这样做毕竟可以让事情得到解决。所以，当他们不得不自己做决定时，就会感到烦恼。

大家可能也深有体会，如果公司的领导是一个无法决断的人，会让人十分苦恼。这一类型的人善于收集意见，但是到了需要得出结论的关键时刻，就会一拖再拖，工作上迟迟没有进展。

第 2 天
为什么你无法自己做决定

你在害怕什么？

读到这里，相信有人已经或多或少地注意到了，无法决断的背后往往存在着某种恐惧。

比如，因为害怕犯错，所以过度思考；因为害怕后悔，所以一味地追求完美，追求正确答案；因为害怕自己的选择给周围人带来麻烦，被周围人指责，所以想当个好学生；等等。

再进一步说，害怕犯错的背后还有更深层的恐惧。接下来，我们看一看导致无法决断的恐惧有哪些类型。

恐惧类型 1　害怕因为错误的决定而失败

这种恐惧是害怕因为自己做了错误的决定，而导致事情失败。比如，如果在选衣服时买到了完全不适合自己的衣服，或是因为判断失误而导致项目失败，等等。当决定之后的结果不尽如人意时，我们就会受到巨大的打击，感到失望，产生挫败感。所以不难想象有人会因为害怕失败、害怕犯错，而变得无法决断。

恐惧类型 2　害怕犯错带来的巨大损失

这种恐惧指的是担心如果因为自己的决定给自己或他人带来了损失怎么办；如果自己必须补偿损失怎么办……

"就因为和这个人结婚，我的人生都被毁了。"谁都不想发生这样的事，所以有人无法下定决心结婚。犯错带来的损失越大，人们就越容易犹豫不决。

恐惧类型 3　害怕被人嘲笑、被人看不起

童年时的你是否有过这样的经历，在学校被老师点名回答问题，却因为回答错误被同学嘲笑。我们

第2天
为什么你无法自己做决定

容易害怕因为选择错误,而被他人嘲笑、被他人看不起。因此,我们在做决定时,有时会过分谨慎,想要选择最保险的答案。

过分在意他人目光的人之所以无法决断,大多是出于这种恐惧。

恐惧类型 4　害怕让对方失望

因为自己做出的决定,有可能会让对方失望,所以害怕做决定。我们总是希望能够实现他人的期望,如果不能实现,就会对自己感到失望。为了实现他人的期望而努力的人无法决断,大多是出于这个原因。

恐惧类型 5　害怕负责任

无法决断的人感到害怕的重要原因之一,就是对"责任"的抵触。

如果因为自己的决定导致事情失败,那么自己必须承担责任,之后还要赔偿、道歉,甚至还得面对周

> 我是一个超级害怕做决定的人

围人的批判,让周围人生气、失望。这样一想,人自然会逃避做决定。

无论是关于社会发展方向的重大决定,还是周日和恋人看哪一部电影这种小事,人们都对承担责任存在抵触心理。

我们时常看到,当大公司发生负性事件时,公司高层领导总是喜欢推脱责任。事实是,无论人身处何位,都不想承担责任,不想被批判。

这样看来,人们往往认为"责任"是沉重的。心理学上对"责任"有不同的看法。**心理学认为,责任不是被动接受,而是主动承担。**

假设你正在负责某个项目,那是你想做的工作,你正在为了项目能成功而努力。可是,你没有决定权,团队的组成、申请预算的决定权都在上司手中,无论是吸纳团队新成员,还是为制作样品申请预算,

第 2 天
为什么你无法自己做决定

都需要经过上司盖章。当你想积极推进项目时,发现决定权不在自己手中,是不是会有压力呢?有时甚至可能感到自己不被公司信任。

这里所说的"决定权"其实是责任的一种表现形式。因为一旦项目出现问题,将由决策者承担责任。如果是你想要积极推进的工作,你会主动想要承担责任。因此"责任"一词,在此是积极的。

在第 2 天中我们探索了无法决断的原因。我们谈到了时代因素、以自我为本、自我认同感,还谈到了导致我们无法决断的恐惧的各种类型。这些因素互相作用,最终导致人无法决断。第 3 天,我们将逐渐摆脱这些因素,迈出树立以自我为本的意识第一步。

> 我是一个超级害怕做决定的人

第2天的练习

（1）请写出你能想到的导致自己无法决断的原因。

（2）请自由地想象，如果你学会了自己做决定，你的人生将发生哪些改变？

第3天

卸下束缚你的"铠甲"

> 我是一个超级害怕做决定的人

任何人都害怕被讨厌，害怕失败。但是对于无法决断的人，他们的这种心理往往格外明显，并总是为此感到不安。第 2 天中我们谈到的"完美主义""理想主义"，就是由于"不想被讨厌""不想失败"的心理而产生的思维习惯。这是我们为了保护自己而穿上的"铠甲"。

因为"铠甲"的束缚，让我们变得动弹不得。在

第 3 天出发之前

第3天
卸下束缚你的"铠甲"

第3天,我们主要以练习的形式,帮你卸下层层"铠甲"。无法决断的人习惯以他人为中心,总是优先考虑他人的感受,因此容易迷失自我。但其实他们并没有迷失自我,只是看不见自我。

通过今天的练习,我们将卸下束缚自己的层层"铠甲",找回真实的自己。这是树立以自我为本的意识的重要环节。

今天的内容以练习为主,可能会让人感到有些累。在阅读的过程中,你没有必要完成每一项练习,只要完成符合自己情况的练习即可,其余的可以量力而行。

> 我是一个超级害怕做决定的人

扔掉理想主义

你是否常常把"应该怎么做"挂在嘴边?

"应该这样,不应该那样",这种"应该怎么做"的论调就是理想主义。

首先我们要摒弃的就是理想主义。人或多或少都有些理想化,期待着事情或者自己处于理想状态,这是好事。我们在第2天中说到的"思考型"的人,也是有点理想化,但是,过度的理想主义会给我们带来麻烦。

理想主义的人往往会给自己设定一些"理想

第 3 天
卸下束缚你的"铠甲"

状态":

"进入公司已经 6 年了,我应该尽心地培养后辈了。"

"领导对我的期望这么高,我应该拿出点儿成果。"

"我已经是大人了,应该冷静地思考。"

如果这些理想是发自内心的,那将成为奋斗的动力,对人生带来积极的影响。

但是,**如果是被他人强加的理想,反而会成为压力,引发强烈的自我否定情绪,使人变得过分在意他人的意见,无法坚持自我。**

如果一直追求被他人强加的理想,就意味着一直在否定自己。长此以往,自我认同感会显著下降,无论取得了什么成就、被周围人如何称赞,也无法树立自信。

如果总是勉强自己、踮着脚尖去够,很快就会觉

> 我是一个超级害怕做决定的人

得累。

从小被父母严格管教、成长过程中受到周围人的过分期待、从名牌大学毕业、自尊心强的人，更容易怀有理想主义。他们看似十分努力，总能展现出优秀的一面，但其实内心十分痛苦。

那么，该如何舍弃理想主义呢？我认为有以下几种方法。

（1）在生活中多说"我想做什么""我要做什么"。比如，"我现在想喝红酒。""我现在想吃法国菜。""我现在想做什么呢？"

（2）熟记下面的话：

"即使辜负了他人的期望，我也是值得被爱的。"

"做真实的自己，也会被人爱。"

"即使露出自己的弱项，我也不会被人讨厌。"

"我可以不那么努力。"

第3天
卸下束缚你的"铠甲"

（3）深吸一口气，将意识放在脚底，感受"脚踏实地"的感觉。理想主义者总是习惯踮着脚尖。努力保持"脚踏实地"的状态，可以使心情平静，有助于审视自我。

（4）将认为应该做的事情写在纸上，将纸揉成团，再将纸团一个一个地扔进垃圾桶。

扔掉完美主义

关于"完美主义"，在第2天中已经介绍过了。对于无法决断的人来说，这是最难解决的一个问题。

完美主义者常常把"必须好好做"作为口头禅，从妆容、穿搭、房间、办公桌等，到说话方式、思考方式、走路方式等，都想做到完美。他们总是时刻监督自己，批评自己某些地方没有做好，因此他们往往

第3天
卸下束缚你的"铠甲"

活得十分拘束,毫不自由。

人无法将所有事都做到完美,所以,虽然有的人在妆容和穿搭上十分讲究,但是房间却很乱;虽然有的人说话和行为举止落落大方,但是发型却极不讲究。与其说他们是不完美的人,倒不如说他们是真实的人。

而完美主义者总是在检查自己不完美的地方,让自己陷入自我否定中,他们的自我认同感很低。

对完美主义者来说,"做决定"是一件大事。他们想要得出完美的答案,所以一旦觉得有瑕疵或不足,就会否定自己的选择,止步不前。

丢掉完美主义,就可以从束缚自己的"必须好好做"的枷锁中解放出来,给自己的心灵多一些空间。这样就可以拥有更宽广的视野,学会做决定。

接下来,我将介绍几种扔掉完美主义的方法。

> 我是一个超级害怕做决定的人

（1）不断告诉自己"不完美的我也值得被爱""不完美的我也是被允许的"。

（2）刻意在发型、妆容、穿搭上留一些疏漏。比如，尝试一整天不扣衬衣最上面的纽扣，刻意制造一种不完美的感觉。刚开始这样做可能会有些不适应，但逐渐会适应的。

（3）做好现在能做的事情就可以。比如，早上开始工作（或者做家务）之前，先列出来今天要做的事情，照着清单去做。到了午休或傍晚时检查清单，删掉"今天不能做的事"，养成"今日事今日毕"的习惯。如果在工作日难以实践，可以在休息日尝试一下这个方法。

（4）尽量留出富余的时间。比如，比约定时间提前15分钟到达；给预计耗时1小时的工作留出2小时的时间。

第 3 天
卸下束缚你的"铠甲"

（5）对于无法做到完美的事情，可以选择不做。比如，因为要整理的东西太多，迟迟无法开始对房间进行大扫除。所以，要下定决心对房间的物品先进行"断舍离"，扔掉不必要的东西。如果对房间物品的"断舍离"太困难，也可以先收拾公司的办公桌、清理工作电脑桌面上的文件和文件夹。

扔掉正确答案主义

正确答案主义指的是在做决定时，总是陷入"什么是正确的"这种思考状态。正确答案主义和完美主义有相似之处，但不同的是，完美主义者的判断依据是"对自己来说是否完美"，以主观为基准（也有可能是在成长过程中受到了他人的影响）判断是否完美；而正确答案主义者所认为的"正确"，指的是"客观

> 我是一个超级害怕做决定的人

上是否正确"。两者的判断依据不同。

特别是受到学校教育方式的影响,我们无意识中认为,所有问题都存在唯一的正确答案,然后拼命思考,只为找出这个正确答案,于是就会迟迟无法决断。

另外,正确答案主义还会导致人们害怕失败、耻于失败。这会导致人们更加过度的思考。

但是,人类社会并不存在唯一的正确答案,而是有很多答案。某个时间的正确答案在其他的时间也可能成为错误答案。许多时候,过去的成功法则无法在现在通用。

现在的社会中存在许多"参考答案"和"成功法则"。减肥就是一个很好的例子。新的减肥方法不断出现,但是仔细一想,如果真的有一种方法能够让所有人成功减肥,那么其他方法早就被淘汰了。

接下来,我想介绍几种摆脱正确答案主义的方

第3天
卸下束缚你的"铠甲"

法。如果你认为自己符合正确答案主义者的特征,请一定试试下面的方法。

(1)每天提醒自己:"正确答案有无数个!犯错也没关系!"你可以在从家到车站,或者是从车站到公司的路上,小声地重复这句话。

(2)故意犯一些错误,你会有新的发现。比如,故意走错回家的路或乘错地铁;故意记错约定的时间,提前30分钟到达。

(3)尝试为一个问题寻找多个答案,并养成习惯。比如,针对"疫苗对防疫是否有效"这一问题,询问不同的意见;尝试咖喱的多种做法,感受不同做法的美味。

(4)想到什么就立刻下定决心去试试看,付诸行动。比如,不看菜谱,自己想办法做出好吃的菜;不查地图,凭感觉前往目的地;不事先在网上搜索饭店的评价,看店铺的外观来决定是否进去就餐;等等。在日常生活中,像这样有意识地不去寻找正确答案。

这是丢掉"正确答案主义"最可行的方法。因为你并不知道什么是正确答案,只能凭着感觉一步步走,然后发现,原来这样也能行得通,通过这些方法为自己创造意料之外的成功的体验。

扔掉"好学生"思维

- 小心翼翼不给周围人添麻烦
- 察言观色,根据现场的气氛说话和行动
- 被父母表扬是"省心的好孩子"
- 小时候为照顾兄弟姐妹而压抑自己的情绪
- 在班里被老师任命为各种事务的负责人(如当班长)

第3天
卸下束缚你的"铠甲"

- 为了实现周围人的期望而拼命努力
- 比起照顾自己的心情,会优先考虑周围人的意见和情绪
- 不喜欢破坏现场的气氛,具有和平主义者特质
- 就读于一流高中、名牌大学,毕业后进入一流企业

以上有几条符合你呢?

我见过许多好学生型的人,他们十分努力,拥有很高的学历和不错的工作履历,但还是没有自信,无法决定自己的未来。

实现父母、老师、同学和周围人的期望,按照别人希望的道路前进,并不是一件容易的事,这说明他们很有实力。可这样做也有可能让他们丧失自我。如果在某处跌倒,就有机会可以离开那条既定的道路(等于活出自己的人生),但如果一路顺利,不知道从

> 我是一个超级害怕做决定的人

什么时候起,就会忘记自己真正想做的事情,不知道自己想要什么样的人生。

好学生型的人因为能力强,所以更倾向于尊重周围人的意见,忽视自己的想法。

所以,有的好学生型的人看似是自己做决定,其实是在迎合周围人。不知不觉中,他们习惯于观察别人的态度,寻找最合适的答案。虽然有的答案恰好和自己的想法一致,但大多数情况下并非如此。

好学生型的人宁愿自己辛苦,也不希望让对自己抱有期望的人失望、伤心。

但是这样做会让他们感到束缚,会让他们丧失自我。因为他们重视他人的意见,所以"自己做决定"成了一件难事。

那么,该如何丢掉好学生思维呢?请尝试下列方法。

第3天
卸下束缚你的"铠甲"

（1）不断告诉自己"我不可以"。

（2）日常问自己："现在的我想做什么？我想要什么？"最开始找不到答案也没有关系，这样做是为了培养自我意识，当你下次想要迎合周围人时，就能意识到这不是自己想做的事情。

（3）把迄今为止你为了迎合周围人而做的事情写下来。比如，努力准备中考是为了实现父亲的期望；担任社团的队长是为了实现老师和同学的期望；选择这所大学是因为分数合适，并且符合父母和老师的期望；等等。虽然并非所有的决定都是为了实现他人的期望，但是这样做会让你感受到自己的很多努力都是为了他人。

（4）学会说"不"。回想一下，迄今为止，你是否接受了许多自己不感兴趣的工作或者邀请？如果是自己不感兴趣的事情，请学会明确地说"不"。最开始说"不"可能有些难度,可以先从简单的事情做起。在频率上,可以先试着"每五次邀请中拒绝一次",这样难度就会降低。

扔掉"调停者"身份

我在第 2 天中讲到,"调停者"和"好学生"有相似之处,即都是不发表自己的意见,希望听取周围人的意见,得出令众人满意的结论的人。他们善于倾听,负责总结意见,所以在人群中往往有声望,受人欢迎。但是由于他们几乎不表达自己的观点,人们不知道他们究竟在想什么、到底想做什么。

这种类型的人容易丧失自我。因为想要使众人满意,所以他们会充分询问周围人的意见。可是众人的意见必然各不相同,一旦遭到某个人反对,或者没有

第3天
卸下束缚你的"铠甲"

让众人满意,他们就会变得无法决断。

想让众人满意这个出发点是好的,也是十分重要的,但是如果因此失去了自我,人就会陷入不安,感到束缚,失去自信。

调停者被周围人爱着,但是这种爱让他们感到束缚,所以他们无法真心地接纳这种爱。

那么,该如何扔掉调停者的身份,学会决断呢?

(1)坦诚地正视自己的心情。想清楚"我要做什么""我不想做什么""我喜欢什么""我讨厌什么"。在日常会话中有意识地加上主语"我"。

(2)调停者型的人并非在所有领域都是调停者。在某些领域,他们可能有很明确的主张。比如,对于喜欢的艺人,他们有自己的想法,会按照自己的方式去行动;在多人的会议或工作中,他们没有自我,但是在按照自己的方法整理资料时,又可以清晰地表达

> 我是一个超级害怕做决定的人

自己的想法和意见。

（3）给自己喜欢的人、重要的人、深爱的人、感谢的人写一封信，向他们表达自己的爱和感谢。比如，感谢对方给自己提供了很大的精神支持。这封信并不需要真的交给他们（这样更能自由地表达自己的情感）。

（4）享受"自我时间"，也就是自己一个人的独处时间。在"自我时间"里随心所欲，想怎么过就怎么过。比如，熬夜看喜欢的电影，尽情地吃东西等。这样不断体会在"自我时间"里的快乐，在和他人相处时也就能保持自我。

扔掉过分努力的习惯

听了"无法做决定的人"的故事，我发现他们都

第3天
卸下束缚你的"铠甲"

是很好的人,但是总有种笨手笨脚的感觉。因为他们做事太过努力,就像开车时一直踩着油门,这样不仅十分危险,也很容易损坏车辆。

人生乐于奋斗是非常重要、非常棒的事情,但是"努力的人很棒"不等于"不努力就不可以"。

过分努力的人往往无法意识到自己已经很努力了,甚至总会认为自己还不够努力,必须再努力一点。觉得别人比自己更努力,因此会不断逼迫自己再努力一些。

全力奔跑的人很容易体力不支,他们无法完成长距离奔跑。但是人生却是一场长跑。

之前有一位来访者,费尽周折终于请了一周的假,去了东南亚旅游度假。他从早到晚尽情地享受理疗按摩,品尝美食,好好放松和休息,这让他对生活有了新的感悟。

> 我是一个超级害怕做决定的人

"我以前在没用的事情上花费了太多的精力,在不必要的事情上过分努力,导致到了真正需要努力的时候反倒没劲儿了。"

你是否也有过类似的体验呢?

意识到自己有些过分努力是十分重要的。以后,希望你能学会判断哪件事情可以努力一下,哪件事情可以不用那么努力。接下来,我想介绍几个改善过分努力这种习惯的方法。

(1)请出声说 10 遍"我已经很努力了,我不想再努力了。"小声说也可以。如果对这句话有所触动,那今后请每天说几十遍,甚至可以把这句话作为口头禅。

(2)养成不带手机、电脑和任何工作资料,去咖啡厅 / 公园 / 酒吧 / 洗浴中心放松 1 小时的习惯。

(3)每周定期去做美容 / 按摩 / 美甲,创造机会

第3天
卸下束缚你的"铠甲"

让自己强行脱离努力的环境。

（4）请思考几件"必须做的事"，可以是工作上的事，也可以是家庭、人际关系上的事。比如，今天必须把这些资料整理完；必须和A公司的B约好时间；必须去干洗店拿衣服；回家的路上必须买鸡蛋和香油等。

然后，请试着将"必须"换成"不想"。你会发现，正是因为不想做这些事情，才会产生"不得不做"的想法。这是一种贴近自己内心的练习。

（5）每个月留出一两天时间放纵自己。这种做法是有计划性的，事先决定"这一天我要从早上开始放纵自己"。比如，一整天什么都不干；从早到晚窝在家里打游戏；从早上开始吃奶油蛋糕，或者喝酒……有意识地制造让自己松懈下来的机会。

> 我是一个超级害怕做决定的人

扔掉恐惧

在第 2 天中已经说过,无法做决定的人会担心自己做了决定而产生某些不良后果,这种恐惧限制了他们的行为,让他们更加难以做出决定。他们有各种各样的担心:如果进展不顺利怎么办;如果做错了怎么办;如果给别人添麻烦了怎么办;如果无法挽回怎么办;如果后悔怎么办……

可是,为什么他们认为可能会出现这些结果呢?

是因为他们之前有过这样的经历吗?

是因为他们所认识的人因进展不顺而失败了吗?

是因为他们见过有人由于失败而遭到责备吗?

如果是因为这些直接的或间接的原因而产生了某种恐惧,我们都可以称之为"强烈的自我否定"。他

第3天
卸下束缚你的"铠甲"

们无法信任自己,认为自己肯定会失败、会给别人添麻烦。

也就是说,**他们至今还在责备过去曾经失败、给别人添麻烦的自己。**

因此,学会原谅自己十分重要。你已经责备、惩罚自己太久了。这时,请告诉你自己:"我的失败已经被原谅了。"

"原谅自己"是解决各种问题的重要方法。

因为人们不喜欢"恐惧"这种情绪,所以无法区分现实世界中发生的事和想象中发生的(恐惧的)事。

打个比方:将一束光照在小猫身上,小猫的影子被投射到墙壁上,墙上会出现一个巨大的"怪物",人们会因看到墙上的"怪物"而感到恐惧。如果我们可以正视恐惧(不看墙上的影子,而是去看实物),

> 我是一个超级害怕做决定的人

就会发现事情并不像自己想的那样糟糕。

可以问自己：我在怕什么？我为什么害怕？这样做有助于找出事物的真相。只要了解了事物的真相，就可以减轻自己的恐惧心理。

除了以上提到的"原谅自己"和"正视恐惧"这两种方法，还有其他方法可以帮你摆脱恐惧。

（1）学会宽容自己。告诉自己："哪怕失败也无所谓，哪怕被嘲笑也无所谓，哪怕给别人添麻烦也无所谓。"不允许自己失败，只会徒增压力。如果允许自己失败，反倒可以从容不迫。当你做到这一点后，再尝试（2）。

（2）"哪怕失败，哪怕被嘲笑，哪怕给别人添麻烦，也总会有办法。"相信"总会有办法"可以让你相信自己。当你学会相信自己，你就可以学会相信周围的人。当你做到了（1）和（2），你的压力就会逐

第3天
卸下束缚你的"铠甲"

恐惧心理就像投射到墙上的小猫的影子

渐减小,甚至会在某个瞬间豁然开朗。

(3)多了解已经成功的人的故事、博客或书籍。如果你正在考虑跳槽或者独立创业,那就多听听成功人士的故事,浏览他们的博客,阅读他们介绍成功经验的书籍。这种方法有助于你形成"可以成功"的良好印象,让你相信自己也可以成功。这样自然就可以克服恐惧心理,学会决断。

(4)学会倾诉。恐惧也是情绪的一种,哪怕仅仅是倾诉,也能使人安心。大家可能都有过这种体会,如果总是一个人胡思乱想,只会让自己更加恐惧。所以要学会倾诉,也可以咨询专业的心理咨询师。这不仅是为了让你学会决断,也是为了摆脱恐惧心理。

(5)把自己的心情写在笔记本上。当你没有时间向别人倾诉或做心理咨询时,可以把内心的各种恐惧

第 3 天
卸下束缚你的"铠甲"

写在笔记本上。我经常告诉来访者:"把下次来咨询时想对我说的话写在纸上。"这样,从你写在纸上的那一刻开始到下次接受心理咨询的这段时间,你都可以倾诉自己的心情,让心情变得舒畅(我把这叫作"隔空心理咨询")。

消除对承担责任的抵触心理

做决定一定会伴随着责任的产生。我在第 2 天中说过:"责任不是被动接受,而是主动承担。"不用负责任的工作固然轻松,但是缺乏紧张感,没有干劲儿。如果是需要承担责任的工作,人们就会认真对待。尽管如此,人们还是认为承担责任既辛苦又麻烦,都不太想承担责任。

你现在正在犹豫不决的事情,可能将决定你未

> 我是一个超级害怕做决定的人

来的人生，也可能对周围人造成影响，所以你会变得谨慎。

在这里我想介绍几种消除对承担责任的抵触心理的方法。

1. 寻找同伴

坚持自己的意见看起来是一件孤独的事。如果即将做出的决定可能会影响你的一生，你就更加需要勇气，这时要做出决定是很困难的。但是，对于过分在意他人意见的人来说，如果过分听取他人的意见，就会更加无法决断。因此，你需要做的不是听取别人的意见，而应该抱着"寻找同伴"的心态，寻求他人的帮助。

你可以寻求他人的帮助、合作和建议。虽然最

第3天
卸下束缚你的"铠甲"

终做决定的还是你自己,但是同伴的存在会让你感到安心。

假设你正在犹豫是否要离婚,开始新的人生。把你的想法告诉可能成为你同伴的人,如你的朋友、家人或者心理咨询师。当然,其中有人支持你,也有人反对你。这时,你既要听取离婚之后过得很好的人的意见,也要听取打消离婚念头之后过得很好的人的意见,直到消除对承担责任的抵触心理(不要忘记,最后做决定的还是你自己)。

2. 为做决定后可能产生的责任做好准备

首先,请想一想,你的决定会带来哪些责任。比如,决定离婚意味着要独自抚育孩子,要独自维持生计,要找到一份正式的工作,要向家人解释清楚,要面对世人对单身妈妈的看法,等等。

其次,针对这些责任采取对策。关键在于"实

> 我是一个超级害怕做决定的人

践"，只在大脑中思考没有意义，必须付诸行动。找到一份正式的工作，并和家人商量（有时还需要家人的帮助）。这些做法在工作中很常见，关键在于要运用到生活中。

在思考可能产生的责任的过程中，你的决心也会越来越坚定。尽管你现在仍在犹豫是否要离婚，这个方法也是有效的。离婚或者不离婚，不同的结果带来的责任是不同的，应对方法也不同，所以我建议你尽量做好两手准备。在做准备的过程中，你也会更加明确如何选择。

扔掉过度思考

人如果有所恐惧，就会过度思考；如果想要逃避责任，就会想方设法找借口。比如，调停者型的人会

第3天
卸下束缚你的"铠甲"

思考如何综合考虑各方意见,好学生型的人会思考如何让周围人认可自己。

许多无法决断的人都有过度思考的习惯。因为过于谨慎、没有自信、可选项太多、想法不断改变等原因,最终让人陷入过度思考。

"啊!不知道!不去想了!"有时候他们也想直接放弃思考。我也经常这样(写这本书的时候,我也曾经因为想太多,以至于一行都写不出来)。

思考绝非无用,但是有其自身的局限性:思考只能基于"过去的经验(数据)"和"逻辑性"来进行。当人们决定要做一件从没做过的事情时,仍想通过过去的经验,推导出答案,但是正因为没有经历过,有太多未知的因素,所以无论怎么思考都无法决断。

在第2天中已经介绍过,过度思考的本质是"恐惧"。所以,"扔掉恐惧"也就可以"扔掉过度思考"。

> 我是一个超级害怕做决定的人

但是有的人可能还是会忍不住过度思考,所以这里我再介绍几种方法。

1. 有意识地创造停止思考的时间

过度思考的人因为总是在思考,很容易积攒压力。因此,创造停止思考的时间十分重要。有意识地停止思考可能很难做到,以下几种方法或许可以帮到你。

- 做瑜伽或冥想
- 进行 30 分钟左右的轻度运动,如慢跑、游泳、步行、肌肉锻炼等
- 去寺庙或神社参拜
- 专注地欣赏音乐或电影
- 画画
- 认真做饭、做针线活、制作手工编织物等
- 一个人去 KTV 唱歌

第3天
卸下束缚你的"铠甲"

- 享受30分钟以上的足浴或者泡澡
- 眺望美景
- 和孩子一起玩耍

想象一下,当你跑了5千米喘着粗气时,自然就无法思考其他事情了;当你去看喜欢的歌手的演唱会时,也没办法思考其他事情。其他方法也可以,总之让身体动起来,把注意力放在其他事情上,就可以停止思考。多尝试上述方法,创造停止思考(无法思考)的时间,就可以清空你的大脑,防止陷入过度思考。

上述方法的共通之处在于让身体动起来,让大脑停止思考,运用感情和感觉来体会。把意识从大脑转移到身体、感情和感觉上,就可以避免过度思考(准确来说,是划分出思考的时间和不思考的时间,做到张弛有度)。

2. 思考的时候准备好纸和笔

> 我是一个超级害怕做决定的人

过度思考的人一般仅将思考停留在大脑中,总是翻来覆去思考同一件事情的人更是如此。用笔将想到的内容写下来,这种简单的做法,可以将大脑中思考的内容可视化。让自己思考的内容可视化,可以有效防止思维混乱,也更容易发现问题。

将想法写在纸上,可以使人更客观地看待事物,难以决断的事情可能就可以轻松决断了。对无法决断的人来说,"不要只用大脑思考"是十分有效的方法。

3. 今天做个任性的人

在日常生活中,学会用感受代替思考,相信直觉和感觉,可以有效地改善过度思考。在第3天就要求大家用直觉决定人生大事有些为时过早,所以建议大家先尝试用直觉和感觉决定日常生活中的小事。

比如,凭感觉决定午饭吃什么;休息时喝什么饮料;回家走哪条路;在休息日根据起床后的感觉

第 3 天
卸下束缚你的"铠甲"

决定一天要做的事情；凭感觉决定今天要穿的衣服等。可能有的人在平时已经这样做了，希望大家进一步强化自我意识，告诉自己：我在凭直觉和感觉做选择。

过度思考的人总是在思考，可能这时有人会说："我不知道什么是直觉和感觉。"遇到这种情况，我会让他们用"心情"一词代替直觉和感觉。

比如，今天的心情不好，想吃点儿清淡的；今天的心情好，想穿颜色鲜明的衣服。如果这时理性思考跳出来提醒你"这件衣服太花哨了"，请无视它。理性思考看起来非常"正确"，人很容易被理性思考带跑偏，这时请不要犹豫，坚定地听从自己的"心情"。学会无视理性思考是很重要的一课。

这样做可以让你活得更轻松，发现新的乐趣，为人生带来不一样的体验。渐渐地，"跟着直觉走很有趣""凭感觉做选择更轻松"就会变成你身体的记忆。

这样，当你面临人生的重大选择时，也能凭直觉和感觉做决定。

4.先睡个好觉

当人烦恼、陷入过度思考时，连睡觉时大脑都得不到放松，睡眠质量会急剧下降，致使早上起床后，会感到身体沉重，全身乏力。所以，首先要提高睡眠质量。比如，控制饮食和运动，睡前不看手机、电脑，不过度饮酒等。

之前有一位精神科医生告诉我："睡眠质量低下可能导致各种疾病，虽然人们不喜欢吃药，但是吃一些安眠药并不是坏事。"市面上最近出现了一些副作用小的药物，心情烦闷、睡眠浅的人不妨咨询一下医生。

此外，也可以尝试用针灸、正骨、按摩和温泉疗

第3天
卸下束缚你的"铠甲"

法来治疗失眠。

提高睡眠质量,睡个好觉,在早上神清气爽地醒来,就能一整天让大脑保持清醒。这样就可以轻松面对那些必须决断的问题。

第3天的旅程到此结束。想要学会决断,必须丢掉束缚你的习惯和思考方式。在短短一天之内或许无法全部丢掉,但是以上这些方法都比较简单易行,坚持下去,或许就可以改变你的生活方式。

想要学会决断,保持"简单"非常重要,让我们一起卸下那些束缚你的"铠甲"吧。

> 我是一个超级害怕做决定的人

第3天的练习

（1）选择其中一两种方法，扔掉你想改掉的习惯。如果尝试后可以让你的心情变轻松，请坚持一个月。

（2）想象一下，如果改掉了那些习惯，你将有哪些改变？把它们写在纸上。或许那才是你原本的样子。

第4天

你知道怎么生气吗?

> 我是一个超级害怕做决定的人

回想一下,你最近一次生气是什么时候?有许多不能决断的人不知道怎么生气。

在第 1 天中我说过,大脑(思考)和内心(感情)不一致就无法做决定。潜意识的力量是巨大的,如果内心不认可大脑做出的决定,就会陷入"道理都懂但是做不到"的状态。

第 4 天出发之前

第4天
你知道怎么生气吗?

当代人总是想得太多,特别是认真努力的"好学生",他们总在考虑"应该怎么做"。如果想学会决断,必须找回内心,也就是学会感受自己真实的感情,这是极为重要的一步。

"生气"是最浅显易懂的情绪之一。如果你总是感受不到自己愤怒的情绪,说明你过分考虑他人的感受了。

在第4天,让我们找回内心,发现真实的自己。通过内心的真实感受,树立以自我为本的意识。想要学会决断,这是必不可少的过程。

> 我是一个超级害怕做决定的人

你知道怎么生气吗？

让我们开始第 4 天的旅程吧。

你会因为某些事感到烦躁或愤怒吗？可能有人每天都在生气，但在我见过的来访者里，很多人却说自己从来不生气。

有人说："我和朋友讲我男朋友的事，朋友说他太过分了，你完全可以生气啊。我这才意识到，原来我还可以生气啊！"

有人说："领导说我太冷淡了，让我多表达自己的情绪。但是我觉得表达自己的情绪并没有什么

第 4 天
你知道怎么生气吗？

好处……"

有人说："我不喜欢生气，因为害怕气氛会变得十分尴尬，也不希望别人小心翼翼地照顾我的情绪。"

大家是否也有过上述经历呢？

人们常说生气是幼稚的行为，"情绪化"也被认为是一种负面的评价。人们认为日本人性格温和，也是因为他们不喜欢表达自己的愤怒和其他各种情绪。

但是，我认为人只要活在世上，就一定会碰到让自己生气的事情。比如，开车时突然有车加塞；排队时有人插队；走路被撞到，对方却不道歉；同事在工作上犯了错误却只知道傻笑；约定被破坏，对方却心安理得；被别人当傻子一样对待；等等。

当然，每个人对愤怒的感受（如强度、频率等）是不同的，但只要不是开悟的禅师/大师，谁都会有生气的时候。

> 我是一个超级害怕做决定的人

如果总是压抑自己的情绪,告诉自己"生气不好""不可以生气",渐渐地,就无法感受到愤怒的情绪了。久而久之,即使遇到让人很生气的事情也会无动于衷,不会有任何感觉。

但是,**这并不意味着愤怒的情绪消失了,它只是被麻痹了,我们感受不到了。因为愤怒并没有消失,所以在无意识中,没有被消解的愤怒会在我们心中不断积压。**

明明内心已经很烦躁了,但是由于自己没有察觉到,即使别人问"你在生气吗?"你也只会回答"没有,我没生气。"

其实,不只是愤怒的情绪会被麻痹,各种情绪都有可能会被麻痹。

小时候寂寞孤独的孩子,会麻痹自己的孤独。

当重要的人去世了,自己却流不出一滴眼泪,感

第 4 天
你知道怎么生气吗?

受不到悲伤。这也是因为内心过于悲伤,体内的自我保护机制切断了"电闸",麻痹了悲伤的情绪。

就这样,在长大的过程中,我们麻痹了各种各样的情绪。

但是,就像刚刚说的,即使我们麻痹了,感受不到了,情绪也不会消失。

即使一个人不清楚自己的感受,不知道自己在想什么,也不意味着这个人没有感受。

任何人都有优先考虑自己感受的时期。刚出生的时候,人们都会毫不掩饰地表达自己的情绪,感到不舒服、饿了、困了,就会哇哇大哭。没有婴儿会考虑"虽然我肚子饿了,但是妈妈现在很忙,所以我要乖乖的。"如果婴儿优先考虑他人、不顾自己的感受,那就无法生存下去。

各种情绪一旦被麻痹,人就无法知道自己的真实

想法。因为不知道自己的真实想法，他们只能靠理性行动，用逻辑说服自己。

不难理解，这样很容易导致大脑和内心的想法不一致，让人变得无法决断。

可以说，学会感受真实的情绪是学会决断的重要步骤。

愤怒和干劲儿一样，也是一种能量

请允许我继续讲一些关于情绪的知识。

心理学中有一句话，愤怒和干劲儿一样，也是一种能量。试着回想一下，生活中有没有充满活力、干劲儿满满的人？那个人是不是容易生气、十分情绪化？

因此，如果压抑愤怒的情绪，也会导致丧失干劲

第 4 天
你知道怎么生气吗?

儿。如果最近你感到无精打采,那么很有可能是因为你的心中积攒了太多的愤怒情绪。

有人可能会说:"最近没有什么让我生气的事啊!"其实,心中积攒的愤怒并不一定来自某件具体的事情。正所谓积少成多,聚沙成塔,无能的上司、迟迟不提交资料的客户、拥挤不堪的地铁、和自己意见不一致的恋人,一件件琐事不断地积攒,就可能使人筋疲力尽。

其他类型的情绪也是如此。

就像"悲喜交集""破涕为笑"这些成语所说的那样,悲伤和喜悦是情绪的正反两面。如果一个人压抑自己的悲伤情绪,感受不到悲伤,那他同样也无法感受到喜悦。

有人说:"我和朋友去迪士尼乐园,本来应该很开心,但就是开心不起来。"这可能是因为他/她的

> 我是一个超级害怕做决定的人

第 4 天
你知道怎么生气吗?

心里隐藏着很深的悲伤。

同样地,人如果默默忍受孤独,就无法感受到人与人之间的联系,会觉得没有安全感,不知道如何向他人寻求帮助,从而会感到更加孤独。

如果压抑自己的恐惧心理,就会对一切事物失去兴趣,对任何事都没有干劲儿。这些人看起来对一切事物都是漠不关心的样子。

人类的内心世界不可能只有喜悦和快乐这些正面情绪,正因为存在着负面情绪,人们才能感受到正面情绪。

只有接纳愤怒情绪,才能找到目标和梦想

压抑愤怒情绪就会失去干劲儿,就很难发现自己真正想做的事,很难找到自己的目标和梦想。

> 我是一个超级害怕做决定的人

有一位男性,他平时几乎不会流露出愤怒情绪。即使有事情令他不快,他也绝对不会表现出来。他只想和平地解决事情,是一个和平主义者。他性格温和,会照顾人,很受周围人的欢迎,但是一直没有找到自己真正想做的事、没有梦想,为此他一直很苦恼。

以某件事为契机,他回想起了母亲的事情。他的母亲身体不好,在他10岁时生了重病,治疗了10多年后,最终还是去世了。他是个懂事的孩子,一直照顾着生病的母亲,在生活中从不给母亲添麻烦。

当时他的内心其实很复杂,但是懂事的他不可能将负面情绪发泄到病弱的母亲身上,只能一直压抑着自己的情绪。这并不是件坏事,在某种意义上他守护了他的母亲,只不过是以自己的情绪为代价,这也证明了他很爱自己的母亲。

母亲去世10多年后,他终于可以直面当年自己

第 4 天
你知道怎么生气吗?

压抑许久的情绪。其实当时的他一直在压抑着自己孤单的心情和无能为力的痛苦。每个孩子都希望母亲能多陪陪自己，希望母亲多表扬自己，但就连这些情感需求他也都压抑着。

母亲因病去世，自己却还在希望当时母亲能多表扬自己，这让他感到有一丝罪恶感，但还是说服自己直面真实的感情。"没关系，你这样想也没关系。"我让他把类似"其实希望母亲能多表扬自己"等这些压抑的情感说出来、写下来。

这样做之后，他的身上发生了不可思议的变化。

早上起床后，他的身体变得轻快，肩膀和后背的紧张酸痛感都消失了，心情变得轻松，脸上逐渐有了笑脸，对各种好玩有趣的事也有了兴趣，工作时也恢复了积极性。

他开始强烈地想要找到自己愿意认真做的事。

> 我是一个超级害怕做决定的人

他的经历就像死去的灵魂再次拥有了生命。或许在他母亲去世时,他的心已经死了一半。

认为自己没有梦想的人,或许是因为一直在压抑着自己的负面情绪。

不过,即使现在告诉一直在压抑愤怒情绪的人们"你要生气",他们也很难做到。所以,首先要从允许自己愤怒开始,告诉自己:"我可以生气,我要接纳自己的愤怒情绪。"

将不满发泄出来,给心灵做一次保养

如果把负面情绪埋在心里,在无意识中会形成巨大的压力,并且就像前面所说的,会失去目标和梦想。因此,作为心理咨询师,我非常不建议大家这么做。

第4天
你知道怎么生气吗?

可能有的人不想给别人添麻烦,担心自己的抱怨会让周围的人不愉快,担心发泄不满情绪会破坏气氛,所以压抑着自己的负面情绪。但是这样做只会让负面情绪在自己心中积攒,从而给自己带来各种危害。

有的人可能认为向同事和朋友发牢骚很不礼貌,对于这样善良的人,我推荐了其他的方法。

虽然有自吹自擂的嫌疑,但是我想推荐的其中一个方法就是接受心理咨询。心理咨询师接受过专业的训练,善于倾听,又有保密的义务,可以耐心地听来访者讲话。在欧美,拥有私人心理咨询师是成功者们社会地位的象征,但在日本,这一习惯还没有形成。

在日语中"讲话"(話す:hanasu)和"放下"(離す:hanasu)发音相同,所以把想法说出来就可以让人如释重负。希望大家在实践中体会这种感觉。

我想推荐的另外一个方法是列出负面情绪清单,

> 我是一个超级害怕做决定的人

这是进行心灵保养的一种方法。正如其名，负面情绪清单上写的自然就是各种令你怨恨、厌恶、愤怒的事情。当然，你也可以写出令你悲伤、痛苦、不安、恐惧的事。另外，"什么也感受不到"也是一种情绪，如果什么也感受不到，那就写"什么也感受不到"。

只是把现在的心情写下来，内心就会变得十分轻松。

可以把自己想说的话写给特定的人（父母、伴侣、领导等），单纯地写下现在的感受也是有效果的。

把难以开口的话写出来，内心就会变得轻松。

我在博客、讲座、心理咨询中，都建议大家列出自己的负面情绪清单，许多人在实践后都向我反馈了他们的成果。

有一位女士总是随身携带一个小本子，遇到

第4天
你知道怎么生气吗?

令她生气的事情,就立刻拿出本子写下来。后来她开心地告诉我,养成这一习惯后,她的心情变得轻松,生活态度变得积极向上,就连皮肤也比以前有光泽了。

压抑情绪对皮肤也有影响。把情绪表达出来,心情轻松了,皮肤也会变好。

心灵"断舍离"

对于常年压抑自己情绪的人来说,刚开始进行心理咨询和制作负面情绪清单时,大量的愤怒情绪会一下子涌上心头,可能会令自己感到十分痛苦,但是这正是你长久以来压抑情绪的证据。希望你可以正视这种痛苦,意识到原来自己积攒了这么多的愤怒情绪,原来自己一直在忍耐,这时不要中途放弃,坚持下去。

> 我是一个超级害怕做决定的人

在制作负面情绪清单时,刚开始的几天可能会十分痛苦,但是坚持四五天后,可能就会看到效果。如果可以的话,请你尽量坚持两三个星期。当你扔掉负面情绪、内心变得轻松时,你会发现身体和皮肤状态也会变好。

有一位女士一直受控于爱操心的母亲,因此变得无法决断。为了脱离母亲的束缚,她带着几个本子,把自己关在宾馆里制作负面情绪清单。刚开始,她对母亲的愤怒和不满像洪水般暴发,但是后来,愤怒逐渐变成了悲伤和孤独,再后来内心甚至还产生了罪恶感。一晚上的时间,她体会到了各种各样的情绪。她一边写一边哭,快要写完两个笔记本的时候,大概用完了一箱抽纸,然后不知不觉就到了第二天早晨。

之后她的心情变得十分轻松。不可思议的是,她的内心感到温暖和满足,幸福感涌上心头,甚至

第4天
你知道怎么生气吗?

想要跳舞。此时,她对母亲的感情只剩下感恩。

这种神奇的变化,甚至让她怀疑自己是不是疯了。

她把各种情绪都写在负面情绪清单上,进行心灵的"断舍离",最后剩下的就只有对母亲的爱了。

喜欢就是喜欢,不喜欢就是不喜欢

像上面这样,把负面情绪发泄出来,进行心灵的"断舍离",就可以让你变得能够正视自己的情绪。提高自我认同感的方法之一,就是承认自己的喜好和厌恶。接受自己真实的情绪,就得改掉用理性压抑感性的习惯,才可以活得轻松。反观现在的自己,**如果你感到活得很累,那么有可能就是因为你在用理性压抑自己真实的情绪。**

能够接受自己真实的情绪,就说明你能够倾听自己的心声。

理性的我们总是在做出各种判断,"在这种场合生气不好",所以要压抑自己的情绪,因此生气这件事本身就让我们感到生气。但其实你完全可以生气。

在第 1 天中我讲过一个例子,有的人认为自己身在福中不知福,但其实他们完全可以承认"我现在并不幸福"。

用理性对现状做出判断,武断地认为"这样可以""那样不可以",这样压抑情绪会让内心真实的感受被麻痹。

我经常把人的情绪比作"天气"。

想象一下,假设你和朋友计划今天要去户外烧烤,早上起床后却发现下雨了。你非常遗憾、郁闷。如果这时你无视天气,告诉朋友:"今天真是个好天气,我们按计划去烧烤吧!"大家会有何反应呢?一

第4天
你知道怎么生气吗?

情绪就像天气,
我们要接受它。

> 我是一个超级害怕做决定的人

定会不满吧。

既然下雨了,不如就改变计划,来一场保龄球比赛,或者去KTV尽情唱歌,或者改日再去烧烤,有各种各样的办法。

情绪也一样。我们无法改变自己感受到的情绪,所以即使在不合时宜的时候感到生气、悲伤,都是内心的正常状态。我们要能接受情绪,在此基础上,再进一步讨论接下来该怎么做。

如果对方真诚道歉,还无法使你平息怒气,那说明这就是你内心该有的状态。这时请不要否定这种情绪,首先要思考为何自己无法停止愤怒,然后要意识到自己对这个人带有的愤怒情绪,并且接受这种情绪。

接下来,你可以告诉对方:"好的,我知道了。但是请再给我一些时间,我还需要一些时间才能原

第4天
你知道怎么生气吗？

谅你。"

一切情绪都是正常的，不存在对错，我们要学会接受它。

如果你可以直面自己的情绪、接受自己的情绪，就可以听到自己的心声。

这是学会自己做决定过程中的重要一步。

◎ 养成和心灵对话的习惯

现在你已经能听到自己的心声了，接下来再学着和心灵对话，加深和心灵的联系，就可以学会自己做决定。

举个例子，假设你现在准备跳槽，比起留在原公司，跳槽将为你的未来带来更多的可能性，也能让你做想做的事，并且对于职场精英来说，比起一直待在同一个地方，换一个环境更能让人成长。

> 我是一个超级害怕做决定的人

但是，当你倾听自己的心声时，你又感到不安、恐惧和充满罪恶感。

如果是以前的你，要么无视、压抑这些情绪，要么就否定这些情绪，试图改变自己的想法。也就是说，你要么无视自己内心的不安和恐惧，强行推着自己向前走；要么进行自我攻击，认为自己为这点小事感到不安太丢人了。

但是现在的你不同了。你已经知道了和心灵对话的重要性。

于是，你开始倾听自己内心的声音。

你："你为什么会感到不安，为什么害怕，为什么会有罪恶感？"

你的内心："因为我比较适应现在的公司，留在这里比较安心。我不知道能不能适应新环境，所以会感到不安。"

第4天
你知道怎么生气吗?

你:"原来是这样啊,有一定道理。还有其他原因吗?"

你的内心:"如果新的工作技术含量太高,我怕自己跟不上。说句不好听的,这么多年一直处在安逸的环境里,就像泡温水澡一样。况且我的年龄也不小了,现在开始学习新事物,确实会有点儿害怕。"

你:"有道理。确实会让人感到害怕。你为什么会有罪恶感呢?"

你的内心:"可能是害怕给现在的同事添麻烦吧。他们都很了解我的性格,我和他们相处得很好。如果我现在跳槽,岂不是'背叛'了他们?总觉得对不起他们。"

你:"原来是这样啊。嗯,确实会感到对不起他们。"

不要否定内心的想法,你要做的只是聆听内心的

声音。**实际尝试后，你会发现，仅仅是进行这样的对话，就可以让内心变得平静。只要不否定情绪，接纳情绪，就能让心灵得到解放，为心灵松绑。**

如果你和情绪"吵架"，只是一味地告诉自己"不能这么想""害怕也没用"，内心的不安和恐惧不但不会消失，反而会变得更加强烈。

情绪和天气是一样的。

当情绪稳定时，你和内心的对话就会变成下面这样。

你的内心："虽然感到不安和恐惧，但其实你还是想尝试一下，对吧？我能理解。"

你："对啊。如果继续沉溺在安逸的环境中，我的人生将太无趣了。所以我才想跳槽。"

你的内心："你已经做出了一些成就，你应该有这个自信。到新的环境中确实会有担忧，但其实也会

第4天
你知道怎么生气吗?

有令你快乐、期待的事。"

你:"确实,虽然有点儿害怕,但还是十分期待。"

你的内心:"那不如大胆挑战一下吧。我已经迫不及待了。"

是的,你的心开始为你加油了。

其实,激动和期待都是内心世界的感受。

通过这样的对话消除负面情绪(如果不能完全消除,就写到负面情绪清单上),就可以让你重拾干劲儿。

在现实生活中,想要让你的内心为你加油,可能需要花一些时间,但是通过这个方法可以帮助你学会自己做决定,所以建议大家在日常生活中,有意识地多尝试这种对话。

> 我是一个超级害怕做决定的人

第 4 天的练习

（1）制作负面情绪清单，释放你的负面情绪。写给谁都可以，可以选择你身边的人，把想对他说又未曾说出的话写下来，也可以把你的愤怒、怨恨、悲伤、孤单等情绪写下来。

（2）写下你喜欢的东西和讨厌的东西，保证两者数量相等，至少各写出 30 项，这可以让你坦诚地面对自己的内心。

（3）和内心对话。如果刚开始不习惯，可以把对话用电脑或笔记本记下来，防止混乱。倾听自己现在的感受，并接纳它。

第5天

学会和真实的自己相处

> 我是一个超级害怕做决定的人

在第4天,我们学会了接纳真实的情绪,也就是建立了大脑(理性)和内心(感性)的联系。从前,你的理性和感性之间的联系很少(甚至没有联系),所以无法决断,现在你的大脑和内心已经建立了联系,我想你已经能清楚地认识自我了。为了巩固这一成果,第5天的主题是学会和真实的自己相处。我们要做的是树立以自我为本的意识,让自我更加稳固。

第5天出发之前

第5天
学会和真实的自己相处

现在的你可能还无法对真实的自己充满自信。有的人可能会想:"我这个样子真的可以吗?"虽然你已经意识到了自我的存在,也在逐渐树立以自我为本的意识,但是现在你的"自我"仍然十分容易动摇。即使你自己做了决定,一旦他人的意见与自己有一点不同,就会让你失去自信。

为了让你进一步树立以自我为本的意识,学会决断,今天我们要更深入地认识自我,通过练习,形成不易动摇的自我意识。

> 我是一个超级害怕做决定的人

强化自我意识

让我们开始第 5 天的行程吧。

在第 2 天，我们通过案例看到了人们无法决断的各种原因。有的人因为过于善良，总是优先考虑他人的感受；有的人是过于追求完美的理想主义者；有的人是不喜欢争执的调停者……他们的内心深处都有一个共同点，那就是他们没有形成自我意识，完全依赖他人和外部的标准。他们往往擅长处理和周围人的关系，但同时也存在问题，那就是自我意识的丧失。

"我是谁？""我想做什么？""我有哪些价值和

第 5 天
学会和真实的自己相处

才能?""我适合哪种生活方式?"……丧失自我意识的人无法回答这些问题。即使他们可以猜到别人的心思,和周围人和睦相处,取得了一定的成功,**但如果他们失去了自我,就无法发自内心地体验感动和快乐,也不会感到充实。**

◎ 经济上很成功但是完全没有自信的人

我想和大家分享一位来访者的故事。

在一家公司创立初期他就加入了公司,一直表现出很强的实力,对公司发展做出了巨大的贡献。后来,随着公司首次公开募股(IPO),他得到了一部分资产,年纪轻轻就实现了财务自由。他也想自信满满地做自己想做的事,向理想迈进,但总觉得哪里不对劲儿。

和公司领导沟通后,他顺利离职。离职后,他开

> 我是一个超级害怕做决定的人

始干起了自己的事业，可还是感觉不对劲儿。在周围人看来，他经济条件优越，有人脉、有声望，家里有亲爱的妻子和孩子，简直是拥有童话般幸福生活的成功人士。他也认为自己已经很幸福了，可是他越认为自己幸福，就越感到不对劲儿。

其实，他的问题来自他的母亲。他的母亲是一个爱干涉孩子自由、歇斯底里、控制欲极强的人。从小他就看母亲的脸色行事，一直扮演着好孩子的角色，等到回过神来，他发现自己已经失去了自我。但也正因为有这样的母亲，他的性格中有许多优点——他为人谦虚，总能给人留下好印象，无论去哪儿都能交到朋友，所以他的人生才比较成功。

直到有一天，他意识到得活出真正的自己，于是他开始反观自己的内心。他按照我的建议进行"丢弃练习"，把有关母亲的事情写在负面情绪清单上，吐

第 5 天
学会和真实的自己相处

露内心的愤怒、不满和孤独,把各种负面情绪都发泄出来,然后再确认自己对母亲的感恩之情。在这个过程中,他意识到,**虽然自己表面看起来很成功,但其实内心完全没有自信。**于是,他开始一边提高自我认同感,一边不断地问自己:"我到底想做什么?"

当他对母亲感到释怀、负面情绪逐渐变少时,他终于找到了自己想做的事——他想要与更多的人产生直接关联,给人们带来幸福。

他之前的工作是为企业设计研修计划和提供咨询服务,找到自己想做的事情后,他开始面向个人提供商务培训和咨询服务。

开始新的工作后,他的内心逐渐充实。现在,他和客户的距离比从前更近了,他可以直接和眼前的客户交流,可以设身处地为他们的幸福去考虑和规划,他发现这是真正能让自己感到快乐的工作。借助之前

> 我是一个超级害怕做决定的人

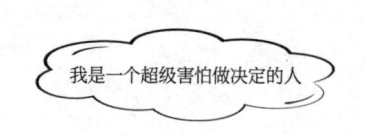

的人脉,许多客户都来找他咨询,他根本不用费心去找客户。

不仅是工作,他和妻子的关系也变得比以前任何时候都要好。

心理学上认为,**男性和伴侣的关系,很大程度上受到他和母亲关系的影响,因为他认真思考了和母亲的关系,消除了内心的芥蒂,所以他和妻子的心理距离一下子变近了**。现在他可以坦率地接受妻子的爱,而他对妻子的爱也越来越深。

通过强化自我意识,他以一种内心完全接纳自我的状态取得了成功。

再赘述一遍,拥有坚定的自我意识就是"以自我为本",相反,比起自己的感受,更优先考虑他人就是"以他人为本"。

我们在第2天中说过,想要学会决断,树立以自

第5天
学会和真实的自己相处

我为本的意识是必不可少的,但这是一门很深奥的学问。我自己也十分有感触,有时候自认为已经树立了以自我为本的意识,但是很快会发现,在某些时刻我仍然做不到这一点。这个过程反反复复,让人忍不住想问,到底要持续到什么时候。

不过最近我已经习惯了这样的过程。当我树立了以自我为本的意识时,我会感到轻松愉快,我把这当成一种活出自我的训练方法,并不断练习。

请大家把树立以自我为本的意识当作一生的练习。想要在心中建立不易动摇的自我坐标轴、树立稳固的以自我为本的意识,需要相当长的时间。所以,今后即使你发现自己又陷入了以他人为本的意识中,也不要灰心,请把它当成加固你的自我坐标轴的机会。

为了使自我意识更稳固,具体该如何做呢?

> 我是一个超级害怕做决定的人

以"我"开头造句

请阅读下面的内容。

我喜欢写文章,也喜欢心理学,想要简明有趣地向人们介绍人内心的规律,为此我每天写博客,现在也在写书。

我喜欢用逻辑思考,也相信自己的直觉和感觉。为了实现某个想法,我会用逻辑思考,在实现的过程中,我会感到快乐,所以我喜欢组织研讨会和活动。

同时,我又很容易感到厌烦,我无法重复做同样的事情,所以我总是举办新的活动,这让我感到快乐。

我喜欢旅行,但是在旅行途中,我很难静下心来。因为这一点,我不喜欢长时间旅行。况且我喜欢日本,所以我旅行的目的地会随我的工作需要而定,

第 5 天
学会和真实的自己相处

主要在日本国内。我喜欢美食，所以寻找各地美食是我每次旅行中最期待的事情之一。

我喜欢和人交往，我旅行的主要目的是去见一些人，如当地的伙伴、朋友，以及我常去的酒吧、饭店的老板。

我喜欢和家人在一起。在大阪时，我几乎都和家人在一起，很少外出，所以我对大阪各种店铺的了解程度还不如东京和福冈的。如果有人问我："根本老师，我要去大阪了，您可以推荐一些好吃的饭店吗？"那我会十分头疼。要是问东京的神乐坂，我倒是能分门别类地介绍许多店。

我也有自由散漫、任性的一面。如果是我不想做的事，我就不会行动。因为这一点，我给妻子添了不少麻烦。但是最近妻子也渐渐活出了自我，我很为她感到高兴。

> 我是一个超级害怕做决定的人

另外,我是个不懂时尚的人。有时候自己的发型和衣服乱了,也完全发现不了,都是妻子来提醒我:"你都没发现吗?"所以我平时都让妻子帮我选衣服,或者选择熟悉的店铺的人推荐的东西。

上面的文章就像一篇简单的自我介绍,但都是我现在的真实想法,以"我"开头的句子,其实就是以自我为本的表达方式。这是树立稳固的以自我为本的意识的一种训练方法。这样的文章不需要写得很认真。我认为,通过这样的方法,可以帮助你认清自己看重的东西、讨厌的东西、自己是什么样的性格、有什么样的价值观等。

从前,我正是通过这种方式认清了自己。写着写着,我就发现我真的非常喜欢和人交往,喜欢通过旅行去见各种人。

第5天
学会和真实的自己相处

保持个性

想要建立稳固的自我意识,还需要注意一点,那就是保持个性。

2015年,当我成为心理咨询师后,在工作中我始终注重保持个性。

我经常问自己:"你真的想做这份工作吗?这是你的风格吗?"我也总是告诉自己:"你可以更自由一点!你可以做你喜欢的事!"

在举办研讨会、讲演会的时候,我也是选择自己想做、自己感兴趣的主题。在选择研讨会的场地时,只要是我喜欢的地方,哪怕费用偏高,我也会坚持选择。在我喜欢的地方举办我喜欢的研讨会,不仅使我心情愉悦,也能让参会者们感到满意。

> 我是一个超级害怕做决定的人

　　这种坚持在日常生活中也同样存在。现在，我正在努力追求更符合自己内心的生活方式。

　　当然，现在还存在很多不足之处，但是比起从前，我已经更能活出自我了。

　　可能正在读这本书的人中，有人还不知道什么是自我，我十分理解这种心情。因为我在20多岁时也不懂得，在30岁后开始思考什么是自我，直到40岁后才终于明白什么是自我。

　　了解自我，用一句话概括就是"做最真实的自己"。不否定自己的想法和心情，坦率地接纳自己。再进一步说，就是在第4天讲到的，"喜欢就是喜欢，不喜欢就是不喜欢"。

　　第4天的第2项练习作业，你尝试了吗？

　　从你写下的东西中就能找到你的自我。

　　写下你"喜欢的/讨厌的""想做的/不想做的"，

第5天
学会和真实的自己相处

坦率地面对自己的想法,就可以发现自我。不要否定自己的想法,接纳它们并且付诸实践,我认为这就是活出自我。

◎ "写出100个喜欢的东西"有什么意义

当然,这里说的"喜欢的""想做的"必须是发自肺腑的。

我经常让来访者"写出100个喜欢的东西"。有很多人挑战了这一任务,其中有好几个人说:"当我写到第30个的时候,突然意识到'这真的是我喜欢的东西吗?'仔细想想,发现我写下来的都是'别人认为我会喜欢的',原来就连我自己喜欢的东西也会受到别人的影响,意识到这些让我有点儿震惊。从那之后,我就特别注意要写下自己真正喜欢的东西。"

"写出100个喜欢的东西"是一项艰巨的任务。

> 我是一个超级害怕做决定的人

但是在挑战之后,你就可以发现自己真正喜欢的东西、发自内心喜欢的东西。

如果你可以坦率地面对自己的真实想法,你就已经活出自我了。

但是,毕竟我们生活在人际关系中,有时候,有些想做的事情很难做到。比如,在公司上班很难有能够自由支配的时间。

但是,即使"想做的事情"无法 100% 做到,也一定存在"现在能做的事情"。

比如,你想要一边生活一边四处游玩,但是周一到周五都必须到公司上班,所以现在无法 100% 实现。但是,如果把梦想拆分一下,周末出去玩还是可以做到的。

从"想做的事情"中找到"现在能做的事情",并且付诸实践,就可以活出自我。

第5天
学会和真实的自己相处

重视直觉和感觉

我在第1天讲到了导致人们无法决断的各种各样的原因。由于这些原因,人们得出的结论和内心的想法不一致,所以才陷入犹豫不决的状态中。但是,你已经学会了消除那些原因,对心灵进行"断舍离",现在正好通过提高自我意识和活出自我来加强自我意识。

通过直面自己喜欢的东西、想做的事情,就可以发现自我,但是在这里又出现了新的问题——**从前的你过于理性,所以无法相信自己的直觉和感觉。**

就像我在第1天中说的那样,从内心来看,"感觉"潜藏在"感受"的更深层,而"直觉"则具有发现"感觉"的作用。也就是说,"直觉"就是"虽然

> 我是一个超级害怕做决定的人

不知道为什么,但总觉得应该如何如何""突然间想到""灵光一现","感觉"就是"这样的、那样的感受"。

"感觉"是一种十分模糊的东西。虽然这样说可能不够严谨,但是除了接触艺术的人,我们从小所处的教育环境或许就是重视"理性"、轻视"感觉"的。在学校和家里,比起"感觉",我们更多地被要求"思考",我们所接受的训练都是让我们有逻辑地思考应该怎么做、答案是什么、什么是正确的。老师和父母会对我们说"你在思考什么""再认真思考一下",但几乎不会对我们说"你的感受如何""多感受你的情绪"。如果我们说出自己的真实感受,可能又会被指责"太任性了!"当然,并不是说思考是坏事,而是说如果重视思考、轻视感觉,可能会让我们养成压抑自己的感情(心情)的习惯。这样的结果就是思考和内心分离了,让我们无法听见自己内心真实的声音。

第 5 天
学会和真实的自己相处

所以即使我现在突然告诉你"相信你的直觉和感觉",你也只会一头雾水。

但是,希望大家记住,**感觉一直在发挥作用,直觉也一直存在**。就像长年未使用的收音机,虽然灵敏度有所下降,但是认真调试之后,仍可以播放出声音。

所以,从今天开始,请你亲自体验一下:突然想到了什么就去做,按照自己的真实感觉行动。

比如,突然想要换一条回家的路,在路上发现了不错的店铺;突然想到给朋友发一条消息,让人惊讶的是对方也正打算联系你;突然发现一家看起来不错的店,进去一看,发现了你自己一直想要的衣服……通过这样的体验,可以让你逐渐相信自己的直觉。

又比如,总感觉今天最好带着伞,但是天气预报说是晴天,所以你没带伞就出门了,结果在回家的路上突然下起了雨。通过这样的体验,你可能会想:"早

> 我是一个超级害怕做决定的人

知道就相信自己的直觉了。"这样你又可以更加相信自己的直觉了。(这是一个典型的用理性思考否定直觉的例子。)

再比如,那个人虽然是个好人,但是总感觉有点讨厌,所以你远离他,后来知道他是个众所周知的"骗人精";总感觉这样做比较好,于是向顾客提出建议,结果对方十分满意……通过这样的体验,可以让你逐渐相信自己的感觉。

当然,在现实中直觉和感觉并不总是恰好正确的,即使你的直觉和感觉不对,也没必要否定它们。

另外,在刚开始验证的阶段,你可能无法完全相信自己的直觉和感觉,又会陷入过度思考。比如,突然想到给对方打个电话比较好,但是分不清这是直觉还是经过思考的结果。这时,不要去追求分清直觉和思考的界线,而要像玩游戏一样,想到什么就尝试着

第5天
学会和真实的自己相处

去做,这样更能顺利进行。

像这样多次验证后,会让你更加意识到直觉和感觉的存在,从而产生比以前更多不经意的灵感。

久而久之,**当你开始相信自己的直觉和感觉时,就说明你已经能听到内心的声音,也证明你正在逐渐建立自我意识。**

至于我自己,我一般不太考虑讲座的内容和宣传的时机。我有过很多次这样的经历:有时候绞尽脑汁认真思考,参考之前受欢迎的内容进行策划,反而难以吸引到听众;有时候突然感觉某个主题可能很有趣,虽然也不太确定是不是真的有趣,就这样跟着感觉走,反而让讲座举办得很成功。

比如,有一次我受邀写书,直觉告诉我"这个主题大概不会畅销",但想要出书的欲望太强,于是我没有相信自己的直觉,接下了这个工作。果然,写作

> 我是一个超级害怕做决定的人

的过程很痛苦,最终那本书的销量也不佳。后来我十分后悔,要是当初能相信自己的直觉拒绝就好了。现在再读那本书,还是有些后悔,其实内容可以写得更好,大概那本书写的确实不是时候。

这样类似的经历大家在工作和生活中都有所体会吧。

让你感觉舒服的才是自己想要的

有人向我咨询工作的事情,"现在公司里的同事都很好,但是因为是大公司,所以做决策很费时间。有时候明明想要更高效地工作,但是有各种事情必须传达给各方,这让我很头疼。"每当我听到这样的话,我就会问他:"你觉得这家公司适合你吗?"

也有人向我咨询:"生完孩子之后,照顾孩子比想

第5天
学会和真实的自己相处

象中要辛苦,虽然孩子很可爱,但是看到老公去上班还是很羡慕。再想到以前我也有自己的事业,就更加难受了。"我就会告诉她:"看来这种生活方式不适合你。"

特别是一直行走在铺设好的人生轨道上的人,很容易无意识中被"就应该这样做"的观念所束缚,也不去验证这样的观念是否适合自己。如果现在的生活不适合自己,当然就无法建立自我意识。

我从前也认为自己大学毕业后就应该到一家公司上班,大脑中从来没有过独立创业的想法。明明是这家公司不适合我,但我却一直否定自己,认为自己是个"怪人",觉得是自己做得不对,自己太幼稚、不成熟。

我从来没有想过是这家公司不适合我。

如果现在的生活无法让你感到幸福,甚至有时让你痛苦,这并不代表你做错了什么,只能说明有些东

> 我是一个超级害怕做决定的人

西不适合你。

可能有人已经发现了,"适合/不适合"也是一种"感觉"。既然这样,为何不试着相信"不适合"的感觉呢?

在这里,我建议大家进行一次"心灵之旅"——寻找让你感觉舒服的东西。不是用大脑思考认为好的东西,而是根据感觉做选择。通过这种练习也能让你学会决断。

比如,打开视频网站或者博客,浏览各种各样的人发布的信息,有的内容可能让你很有同感,适合你的口味;有的内容可能让你觉得"他说的都对,但我就是听不进去",说明那不适合你的口味。就像这样,寻找让你感觉不错的东西。

也就是说,提升感觉的敏锐度,找出让你感到舒服、喜欢、有趣、快乐、期待的东西。现在开始有意

第5天
学会和真实的自己相处

识地做那些以前无意识中会做的事情。比如,"我太喜欢某个歌手的歌了,歌词句句触动心灵""这个人的想法真有趣,跟我很合得来"。然后,把让你感觉不错的东西记下来。

再比如,在买衣服时,请一定记住要相信自己的感觉。

不要想"这件衣服虽然好看,但对我来说太花哨了",大大方方地承认"这件衣服很符合我的审美",然后去收银台买下它。不在意别人的眼光,完全根据自己的感觉做选择,是一件让人感到快乐的事情。当然,也不需要任何时刻都跟着感觉买衣服,有时候理性地选择合适的衣服也不是件坏事。

或许,有时候还是会忍不住担心:"如果朋友和母亲说这件衣服太花哨了,不适合我,该怎么办?"遇到这种情况该怎么办呢?

我是一个超级害怕做决定的人

当你的头脑中浮现出他人的声音时……

不适合你！

全部扔掉！

太花哨了！

是不是太花哨了？

第5天
学会和真实的自己相处

首先,感到不安的你也是真实的你,所以不要否定自己的情绪,学会接纳它,"确实,因为我还不够自信,所以才会感到不安。"接下来,要意识到自己因为穿上了喜欢的衣服而开心的心情。我猜那时你的心情一定是激动的。然后,请在大脑中尝试下面的练习。

在大脑中想象着准备一张纸和一支笔,把朋友和父母可能会对你说的反对的话写在纸上,然后把这张纸揉成纸团扔到垃圾桶里。重复这一过程,你心中的不安可能就会消失。

像这样,在日常生活中多运用你的"感觉",渐渐地,你就能学会用感觉做决定。直觉和感觉是你的好伙伴,它们会告诉你什么让你感到舒服。

这样做,你就能逐渐学会决断。

并且,用直觉和感觉寻找让你感到舒服的东西,可以帮助你想清楚"我是谁",你的自我意识也会更

> 我是一个超级害怕做决定的人

加稳固。

扔掉让你不舒服的人际关系

在寻找适合自己的东西的过程中,你同时会发现不适合自己的东西。这会让你的自我意识越来越稳固。

比如,有些厨房用具,你买的时候以为可以让做饭更轻松,但后来发现不适合就闲置了;有的书你当时认为对工作有帮助,但只读了几页,就读不下去了;有的 App 下载的时候以为会很好用,结果发现不怎么用得上。

建议大家扔掉那些不适合自己的东西,没用的东西就挂到网上卖掉,没用的 App 就卸载掉。

在第 3 天,我们丢弃了各种各样的观念,现在要试着丢掉这些实际的物品。这正是"断舍离"。

第5天
学会和真实的自己相处

在这基础之上,我希望大家对人际关系也要"断舍离"。

你是否有这样的朋友:虽然价值观不同,但是是从学生时代就认识的老朋友;虽然性格合不来,但是和他交往对工作有帮助;虽然以前关系很好,但是结婚生孩子之后,就不太合得来了。这样的人际关系统统扔掉!我说的"扔掉"指的就是删掉联系方式、减少见面机会、停止让你感到痛苦的消息往来,等等。

过于善良、优先他人感受的人,往往会忍耐着和不喜欢的人交往,这样会给自己带来巨大的压力,没有一丝好处。让他们和不喜欢的人断绝关系、保持距离,他们又会感到对不起朋友,往往很难做到。

但是这种行为是用大脑思考的结果,其实他们的内心已经释放了厌恶的信号,这时只要顺从内心即可。等尝试后,他们就会发现,原来这样做可以让自

> 我是一个超级害怕做决定的人

己的心情变得如此轻松。

听了这些话,有人可能会有疑问:"我和那个人合不来,是不是我自身也有问题呢?尝试改变自己、学会接纳那个人是不是更好呢?"这样想可能也有一定的道理,但是作为心理咨询师,我会提出附加条件。

"如果你真的想这么做的话……"

如果你真的想和与你价值观不同的人交往,我会支持你,也会告诉你相应的方法。但是如果你不是真心想那样做的话,不如干脆和他们保持距离,这样更有利于你的身心健康。

要不要试着鼓起勇气,和合不来的人保持距离?

这也正是让你跟随自己的感觉,让自己变得有主见的方法。

第 5 天
学会和真实的自己相处

第 5 天的练习

（1）以"我"为主语，写一段自我介绍。

（2）写出你这一生想要做的 100 件事情。在想做的事情中找出现在能做的事。

（3）养成记录让自己感到舒服的东西、人、地点的习惯。

（4）"断舍离"。扔掉不适合你的物品、卸载不用的 App，中断让你不舒服的人际关系。

第6天

学会自己做决定,需要做好哪些准备

> 我是一个超级害怕做决定的人

本书 7 天的旅程还剩下两天。

昨天,我们学习了如何加强自我意识。今天,我们就用以自我为本来思考,为学会决断做准备。为了顺利登上"勇于决断岛",我将告诉大家一些注意事项。

到昨天为止,我们做了许多练习,你已经开始认识自我,回顾了自己无法决断的过去,你可能会感到后悔或者自责。但是,今天我想让大家明白,无法决

第 6 天开始之前

第 6 天
学会自己做决定，需要做好哪些准备

断并不完全是件坏事。

明天是旅途的最后一天，是真正学会决断的冲刺阶段，需要充足的体力。所以今天的内容并不多，请大家慢慢阅读。

> 我是一个超级害怕做决定的人

你可以随心所欲地做决定

让我们开始第 6 天的旅程。

在第 2 天中说过,我们生活在一个存在无数个正确答案的时代。在这个时代,不是只要努力就能获得幸福,但只要一个人能坚持自我,就可以自由地决定自己的生活方式。相反,如果一个人没有自我意识,完全听取周围人的意见,那他就会在各种各样的价值观中迷失自我,很难活得快乐。

今天,我要说的是在这样的时代应该如何学会决断,如何相信自己做出的决定。

第6天
学会自己做决定,需要做好哪些准备

接下来要做什么呢?在这本书中我已经提过很多次,那就是坦率地接纳自己的感受(我在研讨会和心理咨询的时候也是这样,重要的事情会说很多遍)。坦率地接纳自己的感受是什么意思呢?就是重视自己的感受,比如,自己喜欢什么、想做什么。

今后,当你想要坚持自己的决定时,可能会遭到周围人的质疑,可能会迷茫,可能会因为听到各种各样的意见而不知所措。这种时候,请你在心中告诉自己:**越是想太多的时候越要保持简单,我可以随心所欲地做决定。**

我平时做决定时也会注意听从自己的内心。

比如,在选择工作地点和出差住宿时,我都更在意"我喜欢什么"。我在东京的工作室位于神乐坂,这是一个充满活力的街区,我很喜欢这里。我常住的

> 我是一个超级害怕做决定的人

宾馆的院子里有树木，很有轻井泽[①]的感觉，这里像隐居小屋，不仅有露台，窗户也可以打开，我很喜欢这里（顺便一提，这本书就是在这家宾馆的房间里写的）。

之前也说过，我讲座的主题都是根据我当时喜欢的东西而定的，和我一起工作的伙伴和工作人员也都是我喜欢的人。

我喜欢写作，所以写作的地点也要选在自己喜欢的地方。比如，我喜欢宾馆休息厅的氛围，所以我会一边喝着咖啡，一边写作。在大阪和福冈有我熟悉的酒吧，在那里可以用电脑工作，当我在自己的房间里写作遇到阻碍时，我就会去那里，一边小酌一边写作。

我和家人都非常喜欢冲绳，只要有几天假期，我就想到冲绳玩。因为太喜欢冲绳，我们甚至考虑过要

---

① 译者注：轻井泽是日本的一处避暑胜地，环境宜人。

第 6 天
学会自己做决定，需要做好哪些准备

搬家到冲绳。这一梦想近期有可能会实现。

不仅是我，我周围的人、我的来访者也是这样。他们都说，自打学会听从自己的内心，选择自己喜欢的事物之后，人生变得越来越自由了。

可能有人会想，哪能这么容易就做决定呢？但是越是难以决定的时候，越不能想太多，越应该果断地决定。**在这个价值观多样、日趋复杂的社会，想要活得幸福的秘诀就是"简单地决断"。**

但是想要一下子让所有的事情都根据自己是否"喜欢"来决定，确实很有难度，所以可以先从简单的事情做起。比如，衣服、小物件、食物，还有你自己的房间和办公桌上的物品，都可以换成你自己喜欢的东西。

再比如，假期和下班后的休息时间，也可以按照你自己喜欢的方式度过，做你想做的事。

> 我是一个超级害怕做决定的人

这也是一种"验证"的过程。通过做自己喜欢的事、想做的事，让自己体会到各种好的变化，这样就更有信心把这种行事方式应用到跳槽、创业、结婚、离婚等人生大事上。

根据多数人的意见做决定的人不幸福？

有一位社长在采访中说过这样的话：

"当我产生一个新的想法时，我会询问周围人的意见。如果十个人中有一半以上的人都赞同的话，说明这个想法已经尽人皆知，甚至在市场上已经产品化了，所以我会放弃这个想法。如果十个人中有三四个人赞同的话，说明这个想法已经流行，可能有的公司已经准备产品化了。即使我们公司现在开始行动，也已经来不及了，所以也行不通。如果十个人中有一个人赞同，说明这个想法已经有人想到了，我比他晚了一步，所以也只

第6天
学会自己做决定,需要做好哪些准备

> 我是一个超级害怕做决定的人

能放弃。**如果十个人中没有人赞同我的想法,说明还没有人发现这个新机会,所以可以实行。**"

听了这些话后,我受到了很大的触动。一般人的想法正好与之相反。一般人会认为大家都赞同的想法才能有不错的市场,但是那位社长的想法正好相反。他相信,开发新产品一定要有创意。实施一个所有人都反对的计划,需要一颗强大的内心,我认为正是这样的人才能走在时代最前端,才能获得成功。你有这样的勇气吗?

这个社长的故事告诉我们,要特别小心"多数表决"。

你是否认为多数表决是非常正确的决定方式?小学的时候,大家都有过通过多数表决决定事情的经历吧。**多数表决是一种正确的、民主的决定方式,但是对于想要开拓自己的人生、活出自我、活得充实的人**

第 6 天
学会自己做决定,需要做好哪些准备

来说,要特别小心这种方式。"他们都说这样好,那就听他们的吧。"这种多数表决式的决定方式,正是以他人为本的表现,当你产生这样的想法时,请先停一停,再次倾听自己内心的声音。

当我产生某个有趣的想法时,我会询问他人的意见,但是一般都是作为参考意见来听。所以无论他们反对还是赞成,我只会抱着"原来还有这样的意见"的心态倾听。

如果是我想做的事情,我就会尝试去做,如果不是我想做的事就不会做。

过去我也容易被他人的意见带跑偏。当我想做某件事的时候,会询问周围人的意见。如果有一半以上的人支持,我就感到莫名的安心,可以大胆去做。如果有一半以上的人反对,我就会胆怯,即使是很有趣的想法,也只能放弃。所以,以前的我甚至会害怕向

> 我是一个超级害怕做决定的人

他人询问意见。

有许多因为离婚和跳槽等问题前来咨询的来访者，他们就是正在被他人的意见所左右的人。

有来访者说："我决定和丈夫离婚，所以询问家人和朋友的意见。但是大家都说'都这么大年纪了，开什么玩笑，怎么能离婚呢？离婚了肯定会痛苦的'，我原本已经下定决心要离婚，这才询问他们的意见，但是所有人都强烈反对，现在我也开始怀疑是不是不离婚比较好。"

听完之后，我依旧会告诉她："离不离婚都可以，无论离不离婚你都可以幸福。最重要的是你要自己做决定。"

不只是离婚和跳槽，在做其他决定的时候，如果你向别人咨询意见，希望通过多数表决做决定的时候，你就陷入了以他人为本的思维中。如果你能够坚

第 6 天
学会自己做决定，需要做好哪些准备

持自我，就可以把他人的话作为参考意见，否则就会被他人的意见所左右。

如果一个想法有 30% 的人赞成，你是否有勇气实行呢？拥有这种勇气的秘诀就是树立自我意识，明白自己想要什么。

其实你已经决定了

接下来的话，可能会让刚刚的内容瞬间失去意义。那就是，**其实你已经决定了**。

假设现在面临 A 和 B 两个选项，你正在反复思考，犹豫不决。但其实在你的潜意识中，你已经有了答案。

在选项出现的瞬间，其实你的直觉已经做出了决定。

> 我是一个超级害怕做决定的人

比如这样的情况：

"思来想去决定选A，但是突然又感到不安，询问了几个朋友，大家的意见各不相同，反倒让我更犹豫了。后来我来到根本老师这里接受心理咨询，他让我自己做决定，这让我更加迷茫了，最后我放弃了A，选择了B。当时觉得如释重负，但是后来又感到迷茫，很长一段时间在A、B之间徘徊，迟迟不能做出决定。那段时间我变得讨厌自己。后来，两个月后的某一天，我突然下定决心要选择A。"

虽然有点儿难以置信（听起来有点儿不真实），但是在你的潜意识中确实早已有了答案。

在你纠结选A还是选B的瞬间，你的直觉已经选择了A。至于后来为什么会迷茫，在前面我已经讲过了，大家还记得吗？

靠直觉选择了A，但是又无法决断的原因之一就是

第6天
学会自己做决定,需要做好哪些准备

过度思考。根据之前的经验和周围人的信息分析利害,计算风险,思考得失利弊,导致自己最终无法决断。

原因之二是情绪。在过去经历中感受到的不安、恐惧、不信任等情绪不断涌上心头,让你的心情陷入混乱。

所以,我才让大家有意识地弱化思考、优先考虑内心的感受,扔掉各种情绪,从而让大脑和内心的想法变得一致。准确地说,是让大脑接受内心的选择。

这样就可以听从内心的决定了。

在今后的人生中,大家或多或少都会有面对选择感到迷茫的时候。这种时候,要提醒自己:"其实我的内心已经有答案了,只是现在我还不知道哪一个更好。"

这样简单的一句话,就能缓解你内心的焦虑。

> 我是一个超级害怕做决定的人

思考是将直觉和感觉变为现实的工具

刚刚讲的是"让大脑接受内心的决定"。不只是这本书,还有许多心理学著作,好像都在否定大脑的理性思考。然而,我们真的不需要思考吗?当然不是。

思考也有其重要作用。思考的作用在于将直觉和感觉做出的决定变为现实。

我认为,"思考"是连接"内心"和"现实"的桥梁。

直觉和感觉属于潜意识层面的精神活动,十分抽象,可以给我们提供感性的建议。

比如,"去创业吧""不要离婚""搬家到冲绳吧"……当然,这些决定都不是通过思考做出的,内心和大脑并没有达成一致。在这一阶段,人会思维混乱,会感到不安、焦躁和苦恼。

第 6 天
学会自己做决定，需要做好哪些准备

这时，思考的作用就在于让大脑发出指令使我们消除负面情绪，把通过直觉和感觉得到的答案变为实际行动。

◎ 过去无法决断的你并没有错

这样想的话，**之前无法决断的你只是颠倒了理性和感性的使用方法，但是你并没有做错什么。**

喜欢过度思考的人，其实一直在做将直觉变为现实的"思考训练"。如果一个人可以想到"如果选择 A 的话，那个人会担心吧"，那么他也可以想到"如果选择 A 的话，那个人可能会担心，所以我要这样告诉他"。从前他无法决断，是因为没能够充分听取自己内心的声音，现在他已经可以倾听自己的感受和感觉，只要听从内心，他反倒很擅长思考如何实现内心的想法。

如果你容易被周围人的意见影响，甚至缺少自我

> 我是一个超级害怕做决定的人

认知，换个角度想，这正说明你善于观察周围人的情绪，也就是说你的感情很丰富。运用这种感性倾听自己的内心，同时继续发挥观察周围人情绪的优势，就能更加轻松自如地得到周围人的帮助。

如果你是完美主义者或者"好学生"，说明你做事认真、诚实，受到了周围人的信任。如果你是个"调停者"，那正说明你是周围人沟通的桥梁。

从前的你无法决断，可能是因为你当时产生了强烈的自我厌恶感，没有自信（自我认同感低），但同时，你也有许多长处。

随着年龄的增长，许多人常说："年轻的时候真的很疯狂啊！"他们肯定年轻时候的自己，怀念过去的时光。现在的你也可以以这样的心态去回顾过去，"当时的我无法决断，但也不一定是坏事。"

我想介绍一下我的个人经历。

第6天
学会自己做决定,需要做好哪些准备

我要讲的是我决定接手心理咨询室时的事情。东京的神乐坂有一个心理咨询室,有一天,这里的经营者突然找到我说:"我准备离开这里了,根本老师要不要接手?"当时我有点儿意外,但是直觉告诉我,我要接手。近20年来,我在各地做讲座,但这里是我最喜欢的场地之一。一想到将来我可以自由地在这里举办讲座,就忍不住激动起来。

但是,冷静思考一下,我发现接手这个心理咨询室有许多风险。我住在大阪,这里是东京,我不可能频繁地使用这里的场地。所以,我需要找人帮我管理这个咨询室。另外,我没有经营心理咨询室的经验,当时我已经非常繁忙了,想想就知道我肯定没有精力顾及这里。而且这里的租金很贵,以我的经济状况而言,我不想增加额外的固定成本,所以当时十分犹豫。

我当时没有立刻答复,而是说"请给我一些考虑

> 我是一个超级害怕做决定的人

的时间",然后马上和同事们召开了"作战会议"。

如果理性地思考这件事,出于上面那些原因,我应该拒绝接手。但是,我内心的答案是"十分乐意接手"。一想到可以在这里举办讲座,我就十分激动,如果失去那个场地,我会伤心的。所以,我开始思考如何让内心的想法变成现实。

我个人肯定没有精力管理这个咨询室,所以我联系了家人和朋友们,请求他们的帮助。我先联系了我的妻子,她很高兴,就像我平时对来访者说的一样,她说:"你想做的话,挺好的呀!正好我也想办个水晶钵的演奏会,这个场地正合适!"我的同事甚至比我还积极,答应一定会帮助我(最后他甚至搬到了神乐坂,住在咨询室附近)。女同事们也很高兴地答应帮忙打扫卫生和管理物品。其他经营心理咨询室的朋友也对我说:"我认识很多讲师,我帮你宣传。"

第6天
学会自己做决定，需要做好哪些准备

在朋友们的支持和鼓励下，几小时后，我就给出了答复："请让我接手吧！"

你看，听从内心的声音后，事情进展得如此顺利。

如果只是理性地分析，在神乐坂经营心理咨询室似乎只有风险。但是，内心的声音有时会得出与之相反的结论，使我们迷茫。每当这种时候，我会优先听从内心的声音，并且我也建议我的来访者这样做。

接下来，只需要充分利用理性思考，将内心的声音变成现实就可以了。

再进一步说，想要实现这个愿望，需要像我一样寻求家人和朋友的帮助。不只是刚刚提到的同事和朋友，我还咨询了税务师和其他朋友，现在我也在以团队的形式经营心理咨询室。

用理性思考将直觉变为现实。

你要不要从现在就开始尝试呢？

> 我是一个超级害怕做决定的人

决断需要勇气？

经常听到有人说："我没有勇气决断。"大家是不是也有这样的感受呢？

可能有人正在经历这样的心理斗争：

一旦做了决定就不能后退，不能反悔，只能硬着头皮做下去，但是现在还没做好这样的心理准备。

如果你正感到迷茫，说明你可能还在用理性思考，没有倾听自己内心的声音。

因为其实你的内心已经做出决定了。

我自己每天也在做各种决断。刚刚说到的经营心理咨询室这样的大事并不常有，但是我每天都面临着各种小的决断。举办什么样的研讨会；什么时候安排心理咨询；什么时候去福冈；有人邀请我共同举办讲

第6天
学会自己做决定，需要做好哪些准备

座，我要不要接受；今天要不要写书；直接回宾馆还是再去喝一杯……以上种种需要决断的瞬间数不胜数。

有的时候，我可以果断地决定再去喝一杯；有的时候，我也会纠结到底该怎么办。

当我犹豫不决的时候，我常对自己说一句话："其实你已经决定了。"

这样答案可能就会瞬间浮现，我就能明白自己到底想怎么做。但是，受到感性和理性的各种干扰，我又会陷入迷茫。

所以，我会换一个说法再问自己："怎样做才更像你呢？"

我经常问自己这个问题。

"怎样做才更像你"这个问题直击要害。我可以这样分析，"听到去福冈的时候我很激动，这说明我其实很想去。"有时候我也会改变想法，"这个日程安排

> 我是一个超级害怕做决定的人

勉勉强强也能去一趟福冈,但是勉强自己这种做法不像我。"

所以对于决断是否需要勇气这一问题,我的回答是:不需要。因为你的内心深处已经有答案了。

人们之所以认为做决定需要勇气,是因为对做决定这件事感到不安和恐惧。当你知道自己内心深处已经有答案的时候,就不会感到缺少勇气了。

所以,**如果说人们需要勇气,那一定是"相信"自己的直觉(内心的声音)、"接纳"内心的选择、"听从"内心的决定的勇气。**

这样可能又会出现下面的问题。

"即使决定了要这样做,但是到了行动的时候,却又因为害怕行动不了。"

这次人们缺少的不是"决断的勇气",而是"行动的勇气"。

第6天
学会自己做决定，需要做好哪些准备

在面临A、B两个选项时，内心选择了A，并且自己也接纳了这个选项，但是到了实际执行A选项时，却又感到恐惧。

这种恐惧大多是基于对过去的经验的恐惧。

这和我们在第2天中讲到的"为什么你无法决断"有关。

因为"行动"也是决断的一部分。只有决定行动才能真的付诸行动。

所以，当你在"行动"这一步受挫时，请再回过头去阅读第2天的内容。请不要因为自己一时的犹豫而叹息。大家读到这里时已经学到了关于决断的很多内容，所以即使倒退到第2天，也能很快回到这一页。这和飞行棋、大富翁里的回到原点不一样。

> 我是一个超级害怕做决定的人

第 6 天的练习

（1）平常多问自己："什么样的生活能让我幸福？什么样的工作能让我快乐？我想构建什么样的家庭？我想做什么？"把凭直觉和感觉得出的答案写下来。即使不知道也没关系。当你想起这些问题的时候，就问问自己，把答案写下来。

（2）在可行的范围内做你喜欢的事、想做的事，写下你的体验。这有助于增长你的自信。

（3）有意识地运用理性思考，将"突然的想法"（直觉）变为现实。这些想法不一定是很宏大的，生

第 6 天
学会自己做决定,需要做好哪些准备

活中的小事也可以。比如,突然想看书,突然想吃天妇罗,突然想去看海。不要否定自己的这些直觉,而要用理性思考制订计划去实现它们。反复去做这种练习,能够让你逐渐相信自己的直觉,并养成用理性思考将直觉变为现实的习惯。

第7天

成为可以自己做决定的人

> 我是一个超级害怕做决定的人

终于到了旅途的最后一天。在旅途的前半程，我们回顾了自身，找出了自己无法决断的原因，通过练习卸掉束缚自己的"铠甲"，为树立以自我为本的意识做好了准备工作。在后半程，我们遇见了真实的自己，倾听了自己内心的声音，通过练习加强了自我意识。

现在，你距离"勇于决断岛"只有一步之遥，马

第7天出发之前

第7天
成为可以自己做决定的人

上就可以成为能自己做决定的人了。最后一天的主题是"具体应该如何做决定"。这一天终于到来了。

在未来的人生中,你会遇到许多需要决断的时刻。曾经无法决断的你该如何做决定呢?今天我就来告诉你。

我认为无悔的人生应该是自己决定自己的道路,并自信地走下去。我把我所知道的方法全部告诉大家,希望大家从明天开始,都可以自信地行走在自己的人生道路上。

> 我是一个超级害怕做决定的人

凭直觉和感觉做决定

让我们开始第 7 天的旅程。

从搬家、跳槽、创业、结婚、离婚、生育等人生大事,到今天要穿什么衣服、吃什么午饭等小事,我们每天都生活在一个接一个的选择中。有的不经思考就能轻松决定,有的却让人犹豫许久也迟迟无法决断。

比如,正在读这本书的你也是先决定要读这本书,然后才会开始阅读。

可以说,即使我们自己没有意识到,也一直在做各种决定。

第7天
成为可以自己做决定的人

但是如果在决定时混入了一些负面情绪,比如,担心"失败了怎么办""给别人带来困扰了怎么办",理性就会让我们开始犹豫。

通过之前的内容,你已经学习了如何调整情绪,改变自己的思考方式,相信自己的直觉和感觉。

并且你已经知道,即使自己没有意识到,其实内心也已经决定了。在你面临选择、不得不决断的瞬间,心中已经有了答案。

那么,怎样得到这个答案呢?我认为,让你感到舒服的就是正确答案。"感觉"可以告诉你什么是舒服。

选择让你舒服的。

选择让你充满干劲儿的。

这就是选择的标准。

即使理性思考告诉你"No",但只要感觉告诉你"Yes"让你更舒服,那就跟着感觉走。

> 我是一个超级害怕做决定的人

如果你不知道什么是"舒服",那你可能还没有消除固有的思考方式,或者还没有整理好心情。这时请再次回到旅程的第 3 天。

当然,你的决定可能会遭到周围人的反对。

但是,只要你的内心支持这个决定,那就请相信自己的内心。这样,就一定会有支持你的决定的同伴出现。

事情是否进展顺利其实是一种十分不确定的结果。有的事情也许当时你认为进展得很顺利,但是在某一时刻,它可能会失败。比如,财富的提升并不一定能够带来幸福。因为幸福的定义也会根据人的价值观而变。

凭直觉和感觉做决定是可以给你带来幸福的一种决定方式。因为你是在信任自己的基础上做的决定,所以它可以提升你的自我信任感,也就是自信。

第 7 天
成为可以自己做决定的人

其实在现实生活中,凭直觉和感觉做出的决定常常能取得超越预期的成功。从平时就养成这样做决定的习惯,到了需要决定人生大事的时候,你也可以毫不犹豫地决断。

这样,在问题发生的瞬间你就能决断了。

你就会被人们称为"有决断力的人"。

◎ 人际关系很重要吗?

可能有人会担心,这样凭直觉和感觉做决定,虽然做出了让自己舒适的决定,可自己和周围人的关系不会受到影响吗?

我想介绍一个案例。

这位女士工作能力很强,但总是过分在意周围人的感受,常常让自己感到精神疲惫。她的同事都是很不错的人,大家相处融洽,她也很满意自己的工作环

> 我是一个超级害怕做决定的人

境。但是,有一个问题令她十分痛苦。

令她烦恼的就是和同事聚餐后的娱乐活动。

她很喜欢喝酒,也很喜欢美食,所以和同事们频繁聚餐并不会令她感到痛苦。但是,每次聚餐结束后,同事们都会约好去KTV唱歌,但她不喜欢唱歌,只能一直勉强自己陪着大家。有一天,她终于决定要听从自己内心的声音,不再勉强自己去KTV唱歌。

当然,对同事们说出自己的想法是需要勇气的。但她还是决定尊重自己真实的感受,听从内心的声音。

让她意外的是,同事们很痛快地就接受了她的想法。

她不仅因为同事们的态度感到吃惊,还更加喜欢他们了,对工作也更加有热情了。

这是听从自己内心后,事情进展顺利的典型案

第7天
成为可以自己做决定的人

例。但是并不是事事都能如此顺利。接下来,我想介绍另外一个例子。

这位男士是公司的第二任社长,来咨询时是因为和一位老客户的关系让他感到烦恼。公司从第一任社长开始,就一直与这位老客户合作,交易的金额也十分巨大。但是,对方公司总有一些过分的要求,甚至总是拖延支付款项。渐渐地,他对这位老客户就失去了信任,并且找到了成本更低、品质更优的新客户,所以他想要转而和新客户签约。

于是,他听从自己的内心,和老客户切断了合作关系。

果然,公司内出现了反对的声音,特别是老员工。不少人不留情面地批评他:"区区一个社长,凭什么这么自以为是。"老客户也十分生气,说了很多难听的话。

> 我是一个超级害怕做决定的人

但是,他经受住了这些批判者的考验,坚持自己的想法。为数不多支持他的员工们给了他很大的勇气,想要公司变好的愿望也是支撑他坚持自己的想法的最大动力。

可公司的调整还是影响到了部分员工的情绪。员工们士气低落,工作上出现了许多不该有的失误,给其他客户带来了麻烦。

于是,他坚持和反对他的员工们沟通,向他们解释和新客户的合作有哪些优点。他虽然屡屡受挫,但每次还是坚持相信自己的选择。

后来,员工们在工作中逐渐发现,新客户的产品比老客户的质量更好,性价比更高。并且,新客户的营业员的态度也比老客户的更有礼貌。员工们开始理解社长的决定,有越来越多的人选择支持他。

最后,曾经强烈反对他的人也渐渐表示理解。

第7天
成为可以自己做决定的人

成果还不仅仅是这些。公司因为这次调整乱作一团，正好为员工提供了表达自己意见和想法的机会，现在，员工之间的纽带比以前更加牢固了。以前，公司的员工都不太敢向上级提意见，但是现在，员工可以自然地向上司和管理层表达自己的想法，公司上下级的沟通变得更加顺畅了。

可以说，这是这位社长相信自己的内心、不断与员工们沟通的结果。

我问他："你没有感到过害怕吗？"他说："肯定有害怕的时刻。但是我已经下定决心相信自己的选择，所以就坚持下来了。通过这件事，我终于明白了，原来相信自己是这么一回事。"

> 我是一个超级害怕做决定的人

想象自己向前迈出了一步

大家是否有过这样的经历：当你要做出一个可能影响自己的人生或者影响身边人的决定时，道理都明白，但还是无法决断，内心的不安和恐惧会越来越强烈。即使把这些情绪都吐露出来了，还是会有新的情绪不断出现。

即使是自己做出的决定，还是会自我怀疑"真的没关系吗？"并且越是这样的时候，越容易遇到干扰自己做决定的事情。

这时，人就无法坦然地听从自己的内心做决定，在不知不觉中，就会屈从于违背内心但不会出错的选择。

如果习惯听从自己内心的声音，这些负面情绪出

第7天
成为可以自己做决定的人

现的频率就会减少,你也能够更轻松地看待周围人的意见。但是达到这样的目标需要一定的时间。

我总是建议人们做一个小小的想象练习——头脑中想着困扰你的问题,深呼吸,想象自己向前迈出了一步。

仅此而已。

在做心理辅导的时候,我会让来访者站起来,实际向前迈出一步。这个练习非常简单,希望大家也试试。

一边想着自己面临的决断,一边向前迈出一步。这个方法有神奇的效果,可以给予你力量,让你感到心情轻松。

有一位来访者迟迟无法断绝一段无果的恋爱关系,于是她每天在家里练习,一边念着"我和他没有未来,我决定和他断绝关系",一边向前迈出一步。

> 我是一个超级害怕做决定的人

一开始她并没有感受到任何变化，但是渐渐地，她就对自己的决定产生了自信，仅仅一周后，她就向男友提出了分手，并且不可思议的是，分手后她对前男友也毫无留恋。

向前迈出一步。这是一种简单有效的方法，如果你不相信，就更要试试看了。

想象 5 年后或者 10 年后

我经常问对人生感到迷茫的人这样的问题："你想要过怎样的人生？"

比如，曾经有人对我说："目前，我将工作和生活平衡得很好，但就在前几天，我被告知有机会作为小组领导参与一个新项目。我对这个项目很感兴趣，甚至想要立刻加入项目，但是我担心会打破现在的平

第7天
成为可以自己做决定的人

衡,没有时间和妻子在一起,也没有时间做自己喜欢的事情了。"

还有一位已婚女士,她说:"现在我有一个自己很喜欢的男性朋友,和他的感情越来越好,但是我和丈夫的关系也很稳定。考虑到以后要生孩子,我只能选择其中一人,但是我不知道该选谁,一直无法决断。"

对于第一位来访者,我对他说:"请自由地想象一下,5年后或者10年后,你想要过怎样的人生?你和谁一起生活?"

他立刻回答:"我没太期待自己事业有成,对公司也没有什么感情。虽然那个项目很吸引我,但是我不想失去陪伴妻子和花在兴趣爱好上的时间。"

至于第二位来访者,这位已婚女士说:"5年后或者10年后,我想要个孩子,我想买一间二手公寓,

> 我是一个超级害怕做决定的人

按照自己的喜好重新装修,住得舒服一点儿。那时我身边的人会是谁呢?……现在我想象不出来,能不能多给我一点儿时间仔细想想?"于是她带着这个"作业"回家了。

过了一段时间,她向我反馈:"我还发现了其他一些想做的事。我想把现在的工作继续做下去,想去国外,想要自由地做我喜欢的事情。虽然我苦恼了很久,但还是觉得和丈夫在一起更能实现那样的生活。想明白后,我对那个男人的热情就冷淡了,又重新找回了对丈夫的爱。"

我们不知道我们未来的人生是什么样子的,也正因如此,我们才能自由自在地描绘未来。只要描绘出一个让自己期待的未来,就能发现自己内心真正渴望的事情和想要的人生。

第 7 天
成为可以自己做决定的人

即使决定了也可以更改

有的人认为一旦决定的事情就无法更改,所以才无法决断。但是,做决定并不是一次就结束了。

我们可以多次做决定。当然,每次做决定都要听从我们的内心。

有时候我们可能突然想要改变之前做的决定。这当然是可以的。**只要这种更改不是以他人为本,而是以自我为本做出的判断,就没有必要自责。告诉自己"我只是想法变了而已"。**

观察一下你身边有决断力的人。我猜你肯定见过有很多人早上和晚上说的话完全不一样。

在 A、B 之间选择了 A,后来随着心情的变化,又想选 B,这种更改完全没有问题。虽然可能给周围人带来不便，但是总好过压抑自己的新想法，以至于最后让自己的负面情绪暴发。

如果固执地认为一旦决定的事情就不能更改，渐渐地，人就会离内心的声音越来越远，甚至可能做出一些奇怪的行为。

所以这时不要太勉强自己，坦率地听从内心的想法，重新决定选择 B 就可以了。

和他人商量

自己做决定并不意味着不可以和他人商量。可以自己做决定的人也常常听取他人的意见。然而，无法自己做决定的人，因为容易受到他人的影响，就容易被他人的意见所左右。因此，在和他人商量时，保持以自我为本听取他人的意见，是十分重要的。

第7天
成为可以自己做决定的人

容易受他人影响的人,在和他人商量时请注意以下几点:

(1)他人的话仅作为参考意见。

(2)把对方当作自己的伙伴。

(3)准确理解对方的意图。

很简单的道理就是,每个人都是根据自己的价值观进行各种决断的。即使有人为了你好而提出意见,那也只是根据他个人的价值观而得出的判断。所以我们要加强自我意识,明确地区分开他人的意见和自己的想法,"原来他是这样想的啊",以这样的态度,将他人的意见作为参考意见听一听就可以了。当然,你也可以询问他为什么会这样想,如果他的理由让你信服,那么你也可以直接接受他的意见。不能因为他这样说,你就这样做,这样就是以他人为本;应该是因为"我也是这样想的",所以才接受他的意见,这样

> 我是一个超级害怕做决定的人

就是以自我为本。

在和他人商量时,你可以把对方当作伙伴。当你真诚地向你信赖的人寻求意见时,对方也会认真倾听。这样,对方作为被询问的一方,就会像对待自己的事情一样关心你的事情,甚至有时可能会突然想起你的事情,主动询问你事情进展得如何。这种关心可以让你更有信心坚持你的决定,同时也能使你感到安心。

和他人商量也是消除孤独的好办法。所以当你有烦恼时,不要一个人闷着,向你信任的人征求意见吧。

最后,也是最重要的一点,由于每个人的价值观不同,别人某句话的真实意思,可能和你理解的不同。所以在和他人商量时,不要只停留在字面上的意思,为了准确理解对方的意思,要主动提问,确认对方的真实意思。

比如,"您说这些话的意思是什么?""我可以理

第 7 天
成为可以自己做决定的人

解为……吗？"通过这样的提问，不仅可以增进彼此之间的了解，还可以加固伙伴之间的关系。朋友愿意为我们出谋划策，我们要珍惜这个机会，带着敬意认真理解对方的意思，不要不好意思，有疑问就要当场提出。

这样既可以使你更好地理解对方的意思，也可以为你的决断获得更多有益的意见。

设定期限有助于决断

当我们需要做出某个决定时，给自己设定一个期限往往有助于决断。

假设你现在正面临搬家的抉择，刚好下个月是房租合同续约的月份，如果要搬家，那么这个月底前你必须通知房东。由于有这个时间期限，因此必须尽快

> 我是一个超级害怕做决定的人

做出决定,这时我们往往可以快速决断。

这是因为存在"时间期限"这个限制条件,我们可以集中注意力思考问题。但是,很重要的一点是,不能完全凭借理性思考做决定。

我自己想要什么?我真正想做的事情是什么?这样做会使我心情舒畅吗?这样做会让我觉得有趣吗?应该这样一边倾听自己的心声,一边做决定。

但是,有时候即使设定了时间期限,也还是让人无法决断。这时也不要自责,不然会降低自我认同感,让你变得更加无法决断。

比如,还是以搬家为例,有的来访者说已经到了最后期限,可自己还是没有做出决定,我会告诉他们:"你的内心可能已经有答案了。你现在还无法决定,说明你内心认为现在还不是搬家的时候,或许你还想再在这里住一阵子。从结果来看,你已经决定要

第 7 天
成为可以自己做决定的人

续租了。这样不也挺好的吗?"

对于同一件事情可以有多种解释,既可以从消极的一面解释,也可以从积极的一面解释。自我认同感高的人会更多地从积极的一面去看待某件事情。

◎ 在没有得出答案之前可以先搁置问题

有时候尽管左思右想、反复倾听内心的声音,但还是得不出答案。这是因为烦恼消耗了身体太多的能量,压力在工作和日常生活中不断积累,人就会没有精力倾听自己内心的声音。

这种时候即使时间期限临近,也要先调整好自己的状态。因为如果内心疲劳,就很难用直觉和感觉进行决断。

好好休息、调整好身体和内心的状态后,答案往往就会自动浮现。

> 我是一个超级害怕做决定的人

从前,有一位来访者正在筹备独立创业的事。他做了各项准备,和同事也做好了交接工作,一切都有条不紊地进行着。但是有一天,他突然产生了自我怀疑,"我真的想独立吗?保持现状不是更好吗?"

为此,他来找我咨询。当时他看起来十分疲惫,一边在公司工作,一边利用空闲时间准备创业的事情,时间安排得十分紧张,也是因为太拼命了,他看起来十分疲惫。

我建议他先缓解内心的疲劳,暂时放下创业的准备工作,去放松一下。

我推荐他去泡温泉。于是,他开车从名古屋到秋田县,花了一个星期的时间,游遍了当地有名的温泉。最开始他因为疲劳无法思考任何事情,在回名古屋的前一天,他突然听见了自己的心声:我已经休息好了。现在就是创业的最佳时机。

第7天
成为可以自己做决定的人

于是他立马站起来,开了一整晚的车回到名古屋,立刻重新开始了创业的准备工作。

回程的路虽然要开很久的车,但是他的心却像长了翅膀一样,一想到创业就干劲儿满满,恨不得立刻开始工作。

当你努力倾听内心的声音,却还是无法消除杂念、难以提起干劲儿时,可以暂时脱离现在的环境,消除内心的疲劳,这样答案或许就会自然浮现。

消除内心的疲劳,指的是做你喜欢的、让你感到舒服的、让你快乐的事情。

刚才那位来访者很喜欢泡温泉,一直想要体验秋田县各个有名的温泉。

如果你喜欢唱歌,那就去KTV唱几小时;如果你喜欢旅行,就来一场说走就走的旅行;如果你喜欢大海,就在海边尽情放松……这样就可以消除自己内心的疲劳。

不要被动地做决定

◎ 被动地做决定无法使你幸福

有位无法决断的来访者问了我这样的问题:"我想和男朋友结婚,但是他说自己现在想专注于工作,每天很忙,暂时不考虑结婚。我要继续等他吗?可是考虑到自己的年龄,我想早点儿要孩子,我不知道是不是该找个新的结婚对象了。"

我很能理解她的这种心情。

对于这样的情况,我一贯的做法是告诉她:"都可以。"无论做出什么选择,只要是你内心能接纳的决定,就能让你获得幸福。

但是,如果她不想寻找新的结婚对象(那是她用

第7天
成为可以自己做决定的人

大脑思考的结果）的话,我不建议她这样做。毕竟她还是深爱着她的男朋友。

在这样的恋爱关系中,她总是不自觉地先观察对方的动向,再得出自己的结论。如果她认为就应该是男方向女方求婚的话,她确实应该继续等待(因此她会决定等待)。

但是一味地等待,只会让她一直无法摆脱焦虑。所以最重要的是,让她先想清楚"我是否要和这个人结婚"。

无论在生活中还是在商业往来中,都是这样的道理。

结婚是两个人的事情,**如果两个人的选择不一致,事情就无法开展。但是如果像猜拳游戏中等对方先出拳一样,等对方先做决定自己再做决定,那在对方做决定之前,自己只能焦急地等待。**

> 我是一个超级害怕做决定的人

石头、剪刀、布

喂!

呃……

有人可能会担心:"如果我先做了决定,但是对方却迟迟不做决定怎么办呢?"

这时,我认为重要的是"带着信任等待"。

在刚才的例子中,她已经决定要和男朋友结婚,接下来,她需要做的就是相信男朋友,然后耐心等待。那么"带着信任等待",到底是什么意思呢?如果只是单纯地等待,肯定会感到焦虑,也有可能想要

第 7 天
成为可以自己做决定的人

改变自己的决定。

◎ 不要等着对方把接力棒交给自己

我认为"带着信任等待"应该是下面这个样子。

"我已经决定和他结婚,所以现在接力棒在他手里。接下来就交给他吧,他有能力决定自己的人生。虽然现在他工作繁忙,但是他也在认真思考和我的未来。因为他确实是这样的人,所以现在就尽我所能,等待他的选择吧。"(并不是让她向男友求婚,而是让她在内心这样做出决定。)

这样在心中下定决心,剩下的就是带着信任等待对方,相当于把自己手中的接力棒交给了对方。而无法决断的人正好相反,他们总是等着对方把接力棒交到自己手中。敢于把接力棒交给对方,意味着你知道对方值得信赖,并且相信对方会有实际行动。

> 我是一个超级害怕做决定的人

换句话说,"带着信任等待"和"尽人事听天命"是同样的意思,尽一切努力,接下来就安静地等待上天的意思。把接力棒交给对方后,就没必要再去考虑对方是怎么想的,只需安心等待即可。

你可以利用等待的这段时间提升自我,做自己喜欢的事情,提升自我认同感。在这个例子中,她可以提前为婚后生活做准备,学习各种技能。而对于你来说,重新再做一遍本书之前介绍过的练习,也可以为你的决断增添自信。

如何坚定不移地相信自己的决定

不难想象,人对于自己曾经做过的决定可能会产生不安、迷茫和怀疑。我经常听到来访者说:"决定跳槽的时候,我终于松了一口气,而且非常期待,但

第7天
成为可以自己做决定的人

是马上又开始担心,开始犹豫。"

当然,如果通过和内心对话,最终决定"我还是不要跳槽了",那也没有问题。如果有什么方法可以让你坚定不移地相信自己的决定,那一定是"不要仅凭理性思考,要多关注自己的感觉和感受"。

如果是听从自己内心做出的决定,即使会有不安,还是会让你充满期待的。理性思考和过去的经历可能会抑制这种期待的心情,这时你就需要重新将意识转向这个决定。

这样做会有怎样美好的未来?

这样做会带来哪些喜悦?

这样做会给周围人带来哪些好处?

这种令人期待的未来也被称为"愿景"。通过描绘美好的愿景,对未来的期待就会越来越强。

我在2015年4月离开了公司,开始以自由职业

> 我是一个超级害怕做决定的人

者的身份做心理咨询师,而我决定离开公司其实是在那一年半之前。虽然我相信自己能做好,但是一个人创业还是会感到孤独和不安,何况当时还有各种各样的麻烦事。

那时我做了一件事,就是想象自己独立创业后想做的事情。我把想要做的事情在电脑上制作了一个清单,并且把每一件事都用笔写下来。

- 我想举办静修研讨会
- 我想在我没去过的地方(如札幌和冲绳)举办讲座和研讨会
- 我想定期出版书籍
- 我想更加自由地制订出差计划(当时我的日程安排已经排到了两年之后)
- 我想举办一次临时决定的讲座
- 我想和家人放松地旅行

第7天
成为可以自己做决定的人

- 我想品尝各地的美食
- 我想过上更加丰富多彩、从容不迫的生活

就像这样，我把想做的事情都用笔写下来，进行了更具体的规划，然后忍不住立刻和朋友分享了我的计划。

在这个过程中，我越来越期待独立，越来越想要辞职，越来越期待那一天早日到来。

如果做决定之后就放任不管，那么这个决定就会被心中否定的声音淹没。但是如果你描绘出未来的愿景，那么对未来的期待就会战胜否定的声音。

这样做的效果远不止于此。

在制作愿望清单的过程中，我也会不断地问自己："不独立创业的话，这些事情真的就无法实现吗？"答案基本上都是"Yes"。通过这样的思考，无论从理性上还是从感性上，我都更加相信自己做出的这个决定。

> 我是一个超级害怕做决定的人

并且,通过质问自己,我的决定得到了一次又一次的验证。我反复问自己:"你真的想要辞职吗?你真的想一个人创业吗?"每次肯定的回答都让我更加坚定了自己要独立创业的决心。

◎ 找到现在能做的事情并且行动起来 = 提升自信

听从自己的内心,无论你是否已经下定决心;找到现在能做的事情,赶紧行动起来,你就会发现自己越来越有自信。

想要提升自信必须有实际行动,仅靠在大脑中思考无法带来自信。

以上面我的故事为例,"把想做的事情写下来""具体规划""和好朋友分享自己的计划"就是实际行动。此外,我还采取了许多其他的行动。比如,创建新的博客;研究心理咨询和讲座的预约系统;寻找讲座场

第7天
成为可以自己做决定的人

地；在熟人的介绍下认识其他心理咨询师；等等。通过这些推动自己决定的具体行动，就可以提升自信。

在我的来访者中，有人因为无法下定决心离婚，每个月都来进行心理咨询。这也是一种具体的行动。

如果在做决定之后什么也不做，不安和恐惧就会涌上心头。所以找到现在能做的事情，行动起来，就可以为自己增添自信。

> 我是一个超级害怕做决定的人

第 7 天的练习

（1）从今天开始，练习凭直觉和感觉决定每天的事情。刚开始可能很难进行，但希望大家坚持下去。掌握了技巧之后，养成习惯，不断验证你的决定。

（2）凭直觉和感觉决定你现在犹豫不决的事情和面临的选择。要详细地描绘出未来的愿景，从而提升自己对未来的期待。建议大家把想象的愿景记录在笔记本或电脑上。

（3）根据你所想象的愿景，找到现在能做的事情，行动起来。如果可以，建议把这些行动也记录在笔记本或电脑上。

后记

感谢各位读到了最后。

几年前出版的《敏感天性：高敏感却不受伤的7天练习》一书中，我把"自我认同感"和"以自我为本的思考方式"比作汽车的轮子。如果还用汽车来打比方，那么这本书的主题"自己做决定"，就是汽车的发动机。

想要活出自我，自我认同感是必不可少的。但是如果只提高自我认同感，却不能自己做决定，汽车就无法前进。提升自我认同感后可以提升自己的决断力，但是面临决断的状况总是突然到来。人生就像奔流不息的河流，当水流突然变急时，先提升自我认同感再做决定是来不及的。结婚、离婚、失业、跳槽……机遇和危机都是突然到来的。这就是人生。

> 我是一个超级害怕做决定的人

相信读完这本书的各位,应该已经是可以自己做决定的人了。但是现在可能还有一种轻飘飘、不适应的感觉,就像搬家后还没有完全适应新环境一样。

希望大家在第 7 天之后,要积极地投入生活。不是先提升自我认同感再做决定,而是先做决定,自己启动发动机,一边前进,一边提升自我认同感。

在你不断做决定的过程中,你就会明白:

你什么也没做错。

自己做了决定、开始前进后,就会发现其实自己什么也没有做错。

我认为体会这种感觉,就是提升自我认同感的最佳方法。

可以说,我长年从事心理辅导工作,为人们提供

后　记

心理咨询服务，就是为了让大家体会到这种感觉。

到这里，学会自己做决定的"7天之旅"就结束了。今后当大家感到迷茫、失去自信的时候，请随时回到这里来。

"自己做决定"这个主题一直在我的脑海中，我自己进行了许多试错。我以前也是一个无法自己做决定的人，总是责备自己优柔寡断。后来通过这本书中介绍的方法，我一步步地尝试，现在基本已经成为有决断力的人了。当然，有时我仍会感到迷茫，但我会接纳这样的自己，找我信赖的人去交谈，让自己一步一步向前走。我写这本书就是希望帮助那些和从前的我一样无法自己做决定的人。

最后，我要对继《敏感天性：高敏感却不受伤的7天练习》之后，再次与我合作的 Sunmark 出版社的淡路先生,以及一直支持我的妻子和孩子,我的学生们、朋友们和广大读者,向你们表示真挚的感谢。谢谢!

根本裕幸

2020年9月